Duden

Frag dein Englisch-Team

5. Klasse

Neues Erklärprinzip – von Schülern für Schüler

Dudenverlag
Berlin • Mannheim • Zürich

Bibliografische Information der Deutschen Nationalbibliothek
Die Deutsche Nationalbibliothek verzeichnet diese Publikation in der Deutschen Nationalbibliografie; detaillierte bibliografische Daten sind im Internet über http://dnb.d-nb.de abrufbar.

 D C B A
Bibliographisches Institut GmbH
Bouchéstraße 12, 12435 Berlin

Redaktionelle Leitung Simone Senk
Redaktion Katrin Gütermann
Autor Felix Rieckmann
Illustrationen Carmen Strzelecki

Herstellerische Leitung Annette Scheerer
Herstellung Ursula Fürst
Layout Patricia Müller, Berlin
Umschlaggestaltung X-Design, München
Umschlagabbildungen shutterstock.com / Kozhadub Sergei, shutterstock.com / Liusa, shutterstock.com / Pixel Embargo, shutterstock.com / Julien Tromeur
Satz Katrin Kleinschrot, Stuttgart
Druck und Bindung Stürtz GmbH
Alfred-Nobel-Straße 33, 97080 Würzburg
Printed in Germany

ISBN 978-3-411-72034-7

INHALT

5 NOUNS AND ARTICLES

6 PRONOUNS

7 PREPOSITIONS

8 WORD ORDER

9 QUESTIONS

1 THE PRESENT PROGRESSIVE

Verwendung des *present progressive* → 6/7
Form: Verb + *-ing* → 6/7
Signalwörter für das *present progressive* → 6

Langformen und Kurzformen → 11/12
Fragen und Verneinung im *present progressive* → 11/12

BEISPIEL

*We **are learning** English!*
*Eezy and Murph **are playing** football, and the girls **are swimming** in the pool.*
*Look, the sun **is shining!***
*Rebecca and Maxine **are not doing** their homework, they **are chatting** online.*

VERWENDUNG

Das *present progressive* nutzen wir, um **etwas auszudrücken, das gerade passiert.** Man nennt es daher auch die **Verlaufsform.** Es ist nicht schwierig zu bilden. Dafür brauchen wir nur eine Form des Verbs *to be* und ein Verb, an das die Endung *-ing* gehängt wird.

WIEDERHOLEN

Damit sollten wir uns jetzt schon auskennen:
- Verb *to be (I am nine years old and my name is Frank.)*
- *he, she, it* – das „s" muss mit!

Murph

Hey Leute! Seid ihr eigentlich immer online? Wir haben heute unsere erste Zeitform im Englischunterricht gemacht und ich frage mich: Wieso muss eine Zeit denn so kompliziert sein und ***present progressive*** heißen?!

Eezy

Hey Murph, soll das heißen, dass das Englisch-Team dir hier auf die Sprünge helfen soll? Na gut 😉 Also mit ***progressive*** ist im Englischen nur gemeint, dass etwas in Bewegung ist – deswegen nennt man es auch die ***Verlaufsform*** und hängt ein ***-ing*** an das Verb dran.

Doc

Ich glaube, das ist sehr viel einfacher, wenn du ein Beispiel siehst! Wenn ich z. B. sage *I am playing the guitar,* dann bedeutet das, dass ich jetzt gerade in diesem Augenblick Gitarre spiele.

Murph

Ach so ist das! Ist ja einfach. Um auszudrücken, dass gerade etwas vor sich geht, nehme ich einfach eine Form von ***to be*** und die Grundform des Verbs mit einem ***-ing*** hinten dran?

Dylan

Vollkommen richtig! Das ist aber leider noch nicht alles, wäre ja auch zu schön. Aber einige Sachen machen es einem viel leichter, z. B. die ***Signalwörter*** für das *present progressive.*

Murph

Daran kann ich mich sogar noch erinnern. 😃 Wenn so ein Signalwort auftaucht, dann benutze ich das *present progressive,* richtig? Wisst ihr vielleicht noch, welche das waren?

Dylan

Aber klar! Signalwörter sind z. B. ***look!*** oder ***listen!*** oder auch ***now, just*** und ***at the moment:*** *Look! Sarah is playing basketball.* Oder: *Listen! Eezy is playing the trumpet. Dylan is writing in English now! At the moment Andy is working.*

Eezy

Ha! Das könnte ich locker. Tröööööt! Ihr habt aber noch was Wichtiges vergessen: Die **Schreibweise** des *present progressive* ist nicht immer so ganz einfach.

Murph

Wieso denn das? Ich dachte, man nimmt einfach die Form von *to be* und dann ein Verb mit *-ing* am Ende? Was soll denn daran schwierig sein?

Eezy

Normalerweise macht man das schon so. Bei manchen Verben ändert sich aber die Schreibweise, wenn da ein *-ing* hinten angehängt wird.

Doc

Genau! Aber so schwer ist das auch wieder nicht. Bereit? Also pass auf:

1. ***Bei manchen Verben wird der Konsonant verdoppelt, wenn ein kurzer Vokal vor dem Endkonsonanten steht:***
   to sit → sitting: Jacob is sitting on the sofa.
2. ***Wenn ein Verb am Ende ein stummes „e" hat, fällt das im present progressive einfach weg:***
   to write → writing: Kaitlin is writing in her diary.

Murph

Moment, jetzt erinnere ich mich! Das hab ich mir gemerkt! Da gibt es noch eine dritte Regel:

3. ***Wenn ein Verb auf -ie endet, wird -y daraus:***
   to lie → lying: Ben is lying to his mother about his homework.

Dylan

Gar nicht so übel, Murph! Aber was mich eigentlich interessiert, ist, warum ihr mit dem *present progressive* im Englischunterricht angefangen habt. Findet dein Lehrer diese Zeitform irgendwie wichtiger als das *simple present?*

Doc

Na ja, das *present progressive* ist tatsächlich super wichtig und wird andauernd benutzt. Wir reden doch schließlich ständig darüber, was wir gerade tun und machen!

1 **Finde alle Verben, die in der *-ing*-Form stehen und schreibe sie in dein Übungsheft.**

2 **Setze die Verben in die richtige Form im *present progressive*. Achte auf die richtige Schreibweise.**

INFINITIVE (GRUNDFORM)	PRESENT PROGRESSIVE
to play	playing
to write	
to put	
to swim	
to clean	
to dance	
to eat	
to come	
to read	
to take	
to cook	
to sit	

3 **Setze die Verben ins *present progressive*.**

Today Mark has a new teacher.

Mr Stephenson ______ (to teach) French and English. In his first lesson all the students ______ (to listen) because he is very funny. They ______ (to try) to learn a lot.

In the afternoon Mark ______ (to do) his homework. At 4 o'clock, he ______ (to go) into the kitchen. Just then, his father ______ (to come) home. They ______ (to drink) tea together. Mark ______ (to tell) a joke and his father ______ (to laugh).

Later, Mark ______ (to run) to the supermarket. He and his father want to surprise Mark's mother. They ______ (to cook) Spaghetti Carbonara and they ______ (to bake) a chocolate cake for dessert.

4 **Bilde Sätze im *present progressive*.**
Aufgepasst: In zwei Sätzen musst du die Reihenfolge verändern.

Look! / Mrs Michaels / cook / in the kitchen

Dylan / play / computer games / at the moment

Jenny / TV / watch / now

Listen! / sing / The girls / Christmas songs

listen to / Thomas / on his / MP3 player / music

in the pool / The boys / swim / today

Murph

Das war ja gar nicht so schwierig. Das mit der Schreibweise muss ich mir zwar noch einprägen, aber wie man das *present progressive* bildet, ist eigentlich nicht schwer. Gibts denn noch andere Dinge, die ich beachten muss?

?

Dylan

Du musst natürlich auch wissen, wie du **Fragen** im *present progressive* bildest und wie du **Sätze verneinst.** Aber das kann dir unser Doc bestimmt erklären.

Doc

Aber logo! Ich fange mal mit den ***Verneinungen im present progressive*** an, die sind total einfach. Alles, was du tun musst, ist zwischen das Hilfsverb – also die Form von ***to be*** – und die ***-ing-***Form das Wort ***not*** zu setzen: *At the moment, I* ***am not doing*** *my homework*. Einfacher gehts nicht!

Murph

Kapiert! ☺ Das probiere ich gleich mal aus: *We* ***are not watching*** *TV now. Tina and Katrina* ***are not swimming*** *in the ocean. I* ***am not eating*** *my vegetables today!* Und das ist alles?

?

Doc

Das ist alles! Verneinungen sind wirklich kein Problem: *Doc, Dylan and Eezy are not explaining the simple present to Murph.*

Eezy

Moment mal! Da stimmt doch was nicht, das klingt irgendwie komisch. Kürzt man nicht eigentlich ***are not*** zu ***aren't*** ab? Das macht unsere Lehrerin jedenfalls immer so.

?

Doc

Klar, du hast recht! Das klingt auch viel lässiger. Zum Beispiel: *You're not like the others* klingt doch viel besser als *You are not like the others*. Zumindest für mich. 😉

Murph

So haben wir das aber im Unterricht gelernt! Wie kann denn das sein, dass wir was lernen, was man in England, Amerika oder sonst wo ganz anders macht?

Doc

Ihr habt alle recht! Die Langformen ***is not*** oder ***are not*** benutzen wir vor allem **beim Schreiben.** Dafür sind **beim Unterhalten** oder **beim Chatten** aber die Kurzformen ***isn't*** oder ***aren't*** gefragt. Also beides lernen, Leute! Langformen für die Lehrer, Kurzformen für unsere erste Reise nach London. ☺

Murph

Juchu, ich hab auch mal recht! ☺ O.k., das mit den Kurzformen beim Sprechen merk ich mir. Und wie funktioniert das mit den Fragen im *present progressive?*

Dylan

Also, das mit den Fragen geht so: Du brauchst ja immer eine Form von *to be* im *present progressive.* Bei einer Frage setzt du diese Form ganz an den Anfang des Satzes, nämlich vor das Subjekt.

Aussage: *Murph* ***is asking*** *a question.*

Frage: ***Is*** *Murph* ***asking*** *a question?*

Murph

Verstehe! Dann wird also aus *You are not playing basketball with the others* ganz einfach *Are you not playing basketball with the others?*

Doc

Vollkommen richtig! Hier noch zwei weitere Beispiele: *Are we learning English now? Is Dylan telling you the answer?*

Dylan

Schön, schön – aber eins habt ihr noch vergessen. **Nach *can* und *must*** steht **nie** das ***present progressive!*** Das sind zwei Ausnahmen, die man leider einfach lernen muss. Aber das kriegt ihr schon hin! ☺
Also: *Can I go offline now?*

5 **Fülle die Lücken mit der passenden Verbform. Manche Sätze ergeben Fragen, andere Verneinungen.**

Murph ______ (not to be) listening to his teachers.

Is Jane ______ (to play) the violin today?

Joe isn't ______ (to clean) the kitchen.

Are you ______ (to watch) the movie with us?

Bob and Sue ______

(not to be / to do) their homework.

______ (to be) the boys playing football now?

______ (to be) Tobias feeding the cat?

No, Tobias ______ (not to be) feeding the cat.

6 **Verneine diese Sätze und benutze dafür die Kurzformen.**

My father is cooking dinner now.

______

Sara and Tom are dancing together at the party.

______

______

Look! The girls are sleeping!

______

The class is writing a test right now.

______

7 **Bilde Fragen aus diesen Sätzen.**

Peter is sleeping in his room.

Mr and Mrs Kent are eating dinner in the dining room.

Toodle the dog is barking at the tree.

Kim and Sasha are going to the lake for a swim.

8 **Bilde zu diesen Bildern Fragen im *present progressive*.**

9 **Vervollständige diesen Dialog im *present progressive*. Achte dabei darauf, ob es sich um eine Frage, eine Verneinung oder einen Aussagesatz handelt.**

Jennifer: Hi, Amy. ________ (you: to go) to Linda's party this afternoon?

Amy: Yes, I ________ (to go) a little later this afternoon. I ________ (to help) my mother in the kitchen right now.

Jennifer: ________ (Peter: to come) to the party?

Amy: No, he isn't. He ________ (to play) football now, and he doesn't want to go to a party later.

Jennifer: And ________ (Lizzy: to come) to the party?

Amy: No, she isn't. She ________ (to visit) her grandparents.

Jennifer: Listen! My father ________ (to call) me for lunch. I have to go!

Amy: I ________ (not to eat) lunch today. I ________ (to wait) for the party. ☺ See you later!

2 THE SIMPLE PRESENT

BEISPIEL

*English **is** easy!*
*Eezy **plays** football.*
*The weather **is** hot today!*
*Murph often **eats** spaghetti.*

VERWENDUNG

Das *simple present* nutzen wir, um auszudrücken, dass **eine Handlung oder Tatsache immer wieder oder ganz regelmäßig passiert.**
Um das *simple present* zu bilden, brauchen wir nur die Grundform eines Verbs. Allerdings wird in der 3. Person Singular immer ein „s" angehängt!

WIEDERHOLEN

Damit sollten wir uns jetzt schon auskennen:
- *infinitive* (Grundform) wie *to swim, to read, to eat*
- *he, she, it* – das „s" muss mit!

Murph

Hallo Leute, ist Doc gar nicht online heute? Ich hab nämlich ein paar Fragen. Wir haben heute im Unterricht das ***simple present*** durchgenommen und ich bin nicht sicher, ob ich da alles mitgekriegt habe. Wieso gibt es denn eigentlich zwei Zeitformen für das Präsens? Reicht denn nicht eine aus?

Dylan

Hi Murph, wir kriegen das bestimmt auch ohne Doc hin! Mach dir keine Sorgen, das ***simple present*** ist nämlich noch einfacher als das ***present progressive.*** Es wird nur ganz anders benutzt, deshalb gibt es zwei Formen für das Präsens.

Eezy

Stimmt! Das ***simple present*** wird immer dann benutzt, wenn man eine ***allgemeine Aussage*** über etwas oder jemanden macht. Man nimmt es auch bei ***Aufzählungen*** oder wenn eine ***Handlung regelmäßig*** oder immer wieder passiert. Wenn du also etwas immer wieder tust.

Murph

Etwas, das ich immer wieder tue? Hm, lass mich überlegen – lange schlafen! Meine Lehrer mit Fragen nerven! Jeden Tag Fußball spielen!

Dylan

Gute Beispiele! Das heißt dann im *simple present* z. B.: *Murph always* ***sleeps*** *long*. Und dass du jeden Tag Fußball spielst, sagt man so: *Murph* ***plays*** *football every day*. Gar nicht so schwer, oder? Du brauchst nur ein Verb in der Grundform *(infinitive)* und fertig ist das *simple present!*

Murph

Moment – bei den Beispielen hängt ja immer noch ein ***„s“*** am Verb dran. Wo kommt das denn her? Das ist doch dann nicht die Grundform, oder?

Dylan

Das „s“ brauchst du auch nicht immer. Du kennst doch bestimmt die Regel ***he, she, it – das „s“ muss mit!*** Oder? Das bedeutet, dass du im *simple present* bei der **dritten Person Singular** *(= he, she, it)* immer ein „s“ anhängen musst!

Eezy

Ah ja, diese Regel scheint unheimlich wichtig zu sein. Meine Lehrerin reitet da immer drauf rum. Da kann man angeblich ständig was falsch machen. Sie hat gesagt, dass es zu den häufigsten Fehlern im Englischen gehört, dass die s-Endung vergessen wird.

Murph

Na, dann wäre es ja nicht so schlimm, wenn mir das auch mal passiert. 😉 Aber sagt mal, gibt es denn eigentlich für das ***simple present*** auch **Signalwörter?** Das finde ich beim *present progressive* ja wirklich praktisch, wenn man sich die merkt. Geht das hier vielleicht auch?

Dylan

Na und wie es die gibt! **Signalwörter** *(key words)* für das *simple present* sind z. B. ***always, sometimes, never, often, usually*** oder auch ***every day.*** Wann immer eines dieser Wörter in einem englischen Satz steht, kannst du davon ausgehen, dass du das *simple present* verwenden musst.

Eezy

Diese *key words* drücken aus, dass es in deinem Satz um eine wiederholte Handlung geht. Etwas, das immer oder häufig oder aber auch nie passiert. Denn „nie" ist ja eigentlich auch was Regelmäßiges!

Dylan

Jetzt hab ich auch mal eine Frage: Wenn ich nicht selber etwas tue, sondern etwas passiert, auf das ich aber überhaupt keinen Einfluss habe, z. B. sowas wie *The train* ***always stops*** *at this station,* ist das *simple present* dann hier auch noch richtig?

Murph

Würd ich schon sagen. Da ist doch kein Unterschied, ob ich sage *I* ***do*** *my homework* ***every day*** oder *The sun* ***shines every day.*** Stimmt doch, oder Eezy?

Eezy

Genau, das ist es eben: Beim ***simple present*** geht es um **wiederkehrende Handlungen oder Situationen** und beim ***present progressive*** um **Dinge, die nur in diesem Moment passieren.**

1 **Setze überall dort ein „s" ein, wo es notwendig ist.**

John often walk ___ to work.

Sarah always take ___ the bus home.

I sometimes ride ___ my bike to school.

We plan ___ to have a big party on Friday!

They think ___ John is so cool: He play ___ his guitar every day.

Doc always know ___ the right answer.

You want ___ to play the piano every day – that's too much!

The banana smell ___ funny.

2 **Bei diesen Sätzen ist nur manchmal ein „s" an das Verb angehängt. Setze ein passendes Personalpronomen *(I, you, he, she, it, we, you, they)* an den Satzanfang.**

___ sometimes likes to eat ice cream.

___ always do my homework in the afternoon.

___ usually walks home after school.

___ never chews gum during the lessons.

___ often win matches against other football clubs.

___ sometimes sleep late on Sundays.

___ never makes mistakes on her tests.

___ often barks at the neighbour's cat.

3 **Finde alle *simple present key words* in Aufgabe 2 und schreibe sie in dein Übungsheft.**

4 ***Simple present* oder *present progressive?* Entscheide, welche Zeitform richtig ist. Schreibe die Sätze mit den richtigen Verbformen auf und achte auf die Reihenfolge.**

Oh no! / Derrick / eat / too many cheeseburgers / now

Jennifer / sometimes / play / the piano

Roger / Listen! / the violin / play

never / We / listen / to music

Murph / tidy up / at the moment / his room

The dog / sleep / Oh, look! / the sofa / on

often / Our cat Kitty / sleep / in the kitchen

5 **Dieses Gedicht steht im *present progressive*. Schreibe es ins *simple present* und benutze dafür passende *key words*. Aufgepasst: Im *simple present* reimt es sich nicht mehr.**

The cat is drinking milk right now
Look! Jim the clown is screaming: "Wow!"
Bobby and Carl are not playing their guitars
They are climbing a tree, singing and shouting:
"We're going to Mars!"
They are doing their homework in bed at night
Then they are sleeping and dreaming alright!

The cat drinks milk every day ...

Murph

O.k., ich hoffe, ich krieg das hin, die zwei Zeitformen auseinanderzuhalten. Das finde ich gar nicht so leicht! Eins noch: Die **Schreibweise** verändert sich doch auch hier in ein paar Fällen, oder?

Dylan

Schnellchecker Murph! Pass auf:
Du erinnerst dich bestimmt noch daran, dass beim *present progressive* aus Verben mit *-ie* ein *-y* wird *(to lie → lying)*? Im *simple present* ist es genau umgekehrt! Endet ein Verb auf ***-y,*** wie z. B. *to tidy,* dann wird das in der **3. Person Singular** zu ***-i*** und ein ***-es*** wird daran angehängt. Aber nur in der 3. Person Singular! Ergo wird aus *tidy → tidies* oder aus *to cry → cries: Ken always cries when his team loses.*

Murph

Moment, heißt es dann auch *Ken always plaies football?* Das sieht doch total komisch aus! Ich dachte man schreibt ***plays?!***

Eezy

Gute Frage Murph, das hat Dylan nämlich vergessen zu erwähnen: Wenn **vor dem *-y* ein Vokal** steht, also wie das *-a* bei *play,* dann **bleibt das *-y*** auch in der 3. Person Singular! Steht aber ein **Konsonant vor dem *-y,*** also wie bei *to cry,* dann wird daraus ***-ies:***
Eezy always ***tidies*** *his room at the weekend.*
My dog usually ***plays*** *in the garden.*

Murph

Puh, ist das schwierig. Kann nicht mal jemand eine Sprache ohne tausend Ausnahmen erfinden?

Eezy

Sieht schlecht aus. ☺ Im *simple present* gibt es leider noch eine weitere Besonderheit bei der Schreibweise:
Wenn ein Verb auf einen **Zischlaut,** also z. B. auf *-s, -z, -sh* ***oder*** aber auf *-o* endet, wird in der **3. Person Singular *-es*** angehängt.
to wash → washes: Peter washes his face every morning.
to go → goes: Hanna often goes shopping.

Murph

O.k. Ich glaube, so weit bin ich mitgekommen! Aber beim *present progressive* fand ich ja nicht nur die Schreibweise schwierig, sondern auch die **Verneinung.** Wie bilde ich die denn im *simple present?*

Eezy

Dann mache ich meinem Namen mal alle Ehre und sage, dass das ganz einfach ist! Bei Verneinungen brauchst du eine **Form des Verbs *to do,*** und zwar entweder ***don't*** oder ***doesn't.*** Das sind die **Kurzformen,** in der langen Form heißt es ***do not*** oder ***does not.*** Die setzt du vor das Verb:

Singular: *Tom likes tomatoes* → *Tom* ***doesn't like*** *tomatoes.*

Plural: *Dani and Matthias listen to music.* → *Dani and Matthias* ***don't listen*** *to music.*

Murph

Und was ist noch mal mit Fragen? Braucht man da nicht eine Form von *to do* oder werden die anders gebildet? Ich stelle ja ständig Fragen im Unterricht und die scheinen richtig zu sein! Zum Beispiel: *When does the lesson end? Do we really need homework?*

Eezy

Stimmt! Für **Fragen** brauchst du eine **Form von *to do.*** Die steht am Anfang der Frage: ***Does*** *the bus stop here?* ***Do*** *we play tennis this week?*
Wenn es ein echtes Fragewort (z.B. *when, who, where, why*) gibt, dann rutscht *do* oder *does* an die zweite Stelle: ***Why do*** *you laugh?* ***When do*** *we start?*

Murph

Aber eins leuchtet mir dabei noch nicht ganz ein: Die Frage *Can you pass me the butter, please?* Ist doch auch eine korrekte Frage im *simple present* und da nimmt man kein ***do!***

Eezy

Das stimmt. Aber *can* ist auch ein Hilfsverb und damit beschäftigen wir uns erst später! Also ich weiß ja nicht, wie es euch geht, aber mir reicht das jetzt erst mal an Infos!
Do you think so too? ☺

6 ***Simple present*** **oder** ***present progressive?*** **Setze passende Verben in die Lücken und bilde Aussagesätze, Fragen oder Verneinungen.**

Eezy always ______ too much ice cream.

Does Doc ______ the piano?

Are the girls ______ in the pool right now?

Jo ______ her new class. Everyone is friendly.

Do you often ______ the bus to school?

We ______ games in school – really never!

7 **Verneine diese Sätze und benutze dafür die Kurzformen.**

The girls play tennis in the afternoon.

______

Karen and Lucy play the guitar very well.

______

Mrs Michaels likes holidays in France.

______

Jimmy rides his bike to school.

______

Eezy, Doc, Dylan and Murph chat every day.

______

______

8 **Jonas telefoniert mit David. Versuche die wichtigsten Informationen auf Englisch aufzuschreiben. Achte dabei auf *key words* für das *simple present* und für das *present progressive.***

Jonas: Hallo David. Wie gehts dir? Meine Mutter sagt, du fährst immer mit dem Fahrrad in die Schule. Stimmt das? Wird es nicht zu kalt im Winter?

David: Das stimmt. Mir wird es nie zu kalt! Aber es ist schade, dass wir nicht mehr zusammen in einer Klasse sind. Magst du deine neue Schule?

Jonas: Ja, die ist ganz okay. Wir spielen jeden Tag lustige Spiele in Englisch und Sport gefällt mir sehr. Ich mache jetzt gerade Hausaufgaben, das ist natürlich nicht so toll.

David: Wie gehts deiner Schwester? Was macht sie gerade?

Jonas: Sie spielt Tennis mit ihrer besten Freundin Lara. Es ist langweilig, mit ihr zu spielen, sie gewinnt immer!

David: Ich gewinne auch immer!

Jonas and David are talking on the phone. David always rides his bike to school. He ...

3 THE SIMPLE PAST

BEISPIEL

We ***learned*** *English in school.*
Eezy and Murph ***played*** *football last night.*
The sun ***shone*** *over the city.*
Did Fabian ***read*** *your letter?*
Rebecca and Maxine ***didn't do*** *their homework.*

VERWENDUNG

Das *simple past* nutzen wir, um **etwas auszudrücken, das in der Vergangenheit passiert und jetzt vorbei ist.**
Es ist nicht schwierig zu bilden: An regelmäßige Verben hängt man einfach *-ed* an. Aber es gibt auch unregelmäßige Verben, von denen man die *simple past*-Formen lernen muss.

WIEDERHOLEN

Damit sollten wir uns jetzt schon auskennen:

- *present progressive* → 5–15
- *simple present* → 16–25
- Ausnahmen im *simple present* und im *present progressive*

Murph

Howdy, Doc ist wieder online! Das wird auch allerhöchste Zeit – dieses *simple past* sollte wohl lieber *difficult past* heißen. Da gibts ja so viele Ausnahmen, Hilfe, Team!

Doc

Difficult past, haha! Also das ***simple past*** ist eigentlich erst mal ganz einfach: Du benutzt es, um etwas auszudrücken, das in der **Vergangenheit** passiert und abgeschlossen ist. Dies kann sowohl ein **Zustand** als auch ein **Vorgang** oder eine **Handlung** sein. Also z. B. dass du gestern Abend deine Zähne geputzt hast. Das ist eine Handlung im *simple past*.

Dylan

Moment mal, das ist also anders als bei den Zeiten der Gegenwart? Da ist es doch so, dass wir für
- **Zustände und wiederkehrende Vorgänge** das *simple present* benutzen aber für
- **Vorgänge, also Handlungen, die gerade passieren,** das *present progressive*. Oder?

Doc

Cool, besser hätte ich es auch nicht erklären können! 😉 Anders als bei den Gegenwartsformen benutzt man in der Vergangenheit das ***simple past*** sowohl für ***Zustände als auch für Vorgänge.***

Murph

Das heißt, ich brauche nur eine Zeitform für die Vergangenheit, während es in der Gegenwart gleich zwei davon gibt?

Doc

Leider nein, ganz so einfach ist es dann doch nicht. Es gibt auch noch andere Vergangenheitsformen. Aber mit den drei Zeitstufen, die wir jetzt schon kennen, kommst du im Englischen schon ziemlich weit!

Murph

Ich wusste es! Ich lerne doch lieber Chinesisch – mein Vater sagt, da gibt es überhaupt keine Zeitformen!

Doc

😉 Nicht aufgeben Murph. Es wird gleich einfacher. Bei den normalen **Formen des *simple past*** musst du nur ***-ed*** **an die Grundform des Verbs anhängen:**
*to brush → brush**ed:** Murph brushed his teeth yesterday evening.*
*to play → play**ed:** Al played basketball all afternoon.*

Dylan

So weit, so gut. Aber wie ist denn das nun mit den ***Ausnahmen?*** Da hat Murph doch recht, da gibt's eine Menge von, oder?

Murph

Tja, und wie ich da recht habe! Ein paar habe ich mir nämlich sogar gemerkt. Zum Beispiel wird *run* zu ***ran,*** aus *win* wird ***won*** und *read* bleibt ***read,*** man spricht es nur anders aus!

Dylan

😟 Das ist ja schön und gut, dass du das weißt, Murph. Aber wie soll ich mir das denn merken? Gibt es da vielleicht irgendeine schlaue Regel?

Doc

Leider nicht, Dylan. Diese Ausnahmen sind die **unregelmäßige Verben,** die man auch *irregular verbs* nennt. Die muss man leider ganz stur auswendig lernen, das ist hier der einzige Weg ans Ziel.

Dylan

Ach, komm schon, sonst gibt es doch immer was! Kein „*he, she it,* das ‚s' muss mit"? Keine Signalwörter, die mir zeigen, dass das ein unregelmäßiges Verb ist?

Doc

Höchstens „*he, she, it,* das *hit* bleibt *hit*". Du kannst versuchen, die ***irregular verbs*** zu gruppieren.
- Es gibt welche, die immer gleich bleiben: *to read → read, to put → put* oder *to hit → hit.*
- Eine andere Gruppe wäre z. B. *to sleep → slept, to keep → kept* usw. Also immer schön pauken!

Gleich zuerst solltet ihr die Formen hier lernen:
to be → was / were; to go → went; to do → did;
to know → knew; to write → wrote; to see → saw

1 **Finde auf Emilys Postkarte an Becky alle Formen im *simple past.* Schreibe sie zusammen mit der Grundform des Verbs in die Tabelle.**

Dear Becky,

I am writing to you from Ibiza. My holidays are super! Yesterday, I went to the pool with my brother Charlie, read the fifth "Harry Potter" book, and played basketball with my friend Dorothy. At night, I ran along the beach with my mother and then we swam in the ocean!
When I woke up this morning, I knew that I wanted to go swimming again today. I phoned my dad in room 303 – but he was mad at me because he wanted to sleep ...
I loved the last week here on Ibiza but I can't wait to go home and see you and all my other friends again!

Love, Emily

Becky Sm
Wilsonst
London
England

SIMPLE PAST	GRUNDFORM (INFINITIVE)	SIMPLE PAST	GRUNDFORM (INFINITIVE)
went	to go		

2 **Bilde Sätze im *simple past.* Achte dabei auf die Reihenfolge der vorgegebenen Satzteile.**

Yesterday / Anna and Ben / play / table tennis

win / Anna / 21:17 / the game

watch TV / Then / Ben

Anna / her friend / phone / Kathleen

The girls / talk about / a party at school

Anna's mother / Then / come home

She / ask / Anna / her homework / about

Murph

Freunde, das war jetzt aber bestimmt noch nicht alles, oder? Ich fand bei den anderen Zeiten ja die ***Signalwörter*** sehr hilfreich! Gerade die Wörter für das *simple present* wie *always* oder *never* sind so schön leicht zu merken. Gibts so was auch für das *simple past?*

Doc

Zum Glück gibt es die und sie sind total logisch! Bei den Präsensformen zeigen die Signalwörter ja, dass etwas entweder im Moment stattfindet *(present progressive,* z. B. *now)* oder dass etwas immer so ist *(simple present,* z. B. *always).* Beim *simple past* sind es eben Wörter, die ausdrücken, dass etwas in der Vergangenheit stattgefunden hat.

Murph

O. k., dann wären also z. B. ***yesterday, last year*** oder ***five months ago*** Signalwörter, richtig? Wobei das ja gar nicht immer einzelne Wörter sind!

Doc

Stimmt aber trotzdem. Signalwörter können eben auch ***Begriffe*** sein, die aus **zwei oder drei Wörtern** bestehen:
yesterday evening, ten minutes ago, last Saturday, in 2005.

Dylan

Ach echt, das können auch mehrere Wörter sein? Na, Hauptsache man kann erkennen, dass es sich um etwas in der Vergangenheit handelt! Wenn ich also sage ***Two years ago*** *my family* ***bought*** *a dog* dann ist *two years ago* also das Signal dafür, dass ich das *simple past* nehmen muss?

Doc

Ganz genau! Die Handlung, dass deine Familie einen Hund gekauft hat, ist ja schon zwei Jahre her und abgeschlossen. Das machen die **Signalwörter *two years ago*** ganz deutlich und deshalb nimmst du hier das *simple past!*

Murph

Die Signalwörter sind ja wirklich einfach. Juchu! Dann haben wir ja jetzt alles geklärt. Das war ja doch nicht so schlimm, wie ich erst dachte!

Dylan

Nicht so schnell, Murph. Soweit ich weiß, gibt es noch mehr ***Ausnahmen.*** Eine habe ich mir gemerkt: Wenn ein **regelmäßiges Verb** *(regular verb)* auf ***-e*** endet, dann **fällt das *-e* im *simple past* weg.**
Aus *I live* wird also *I liv**ed*** und nicht *I liveed*. Irgendwie klar, das sieht ja sonst auch total komisch aus! So ist das z. B. auch bei *to smile* → *smil**ed;*** *to move* → *mov**ed;*** *to combine* → *combin**ed.***

Murph

Ach menno, und ich hatte mich schon so gefreut. ☹ Wenigstens ist die Regel logisch, die kann ich mir bestimmt merken. Aber wie ich Doc kenne, hat er sicher noch ein paar Ausnahmen mehr parat, oder?

Doc

Ich weiß überhaupt nicht, wo ich anfangen soll! 😉 Dylans Beispiele sind schon mal prima! Aber aus ***give*** wird z. B. ***gave*** im *simple past*. ***Nicht alle Verben auf -e sind also regelmäßige Verben!*** Die muss man leider einfach auswendig lernen.
Und dann gibts noch was: Wenn ein Verb auf einen **Konsonant + *-y*** endet, dann wird aus *-y* ein ***-i*** und dann hängt man wieder ***-ed*** an. Also so:
to cry → *cr**ied;*** *to hurry* → *hurr**ied.***

Murph

Und wenn ein Verb zwar auf *-y* endet, aber davor steht kein Konsonant? Gibt es dafür auch Beispiele?

Dylan

Da fällt mir glatt eins ein: ***stay*** wird zu ***stayed.*** Da wird ganz einfach wieder nur ***-ed*** angehängt. Aber Doc hat noch was vergessen: Bei vielen Verben, die auf einen **Konsonanten** enden, wird dieser **im *simple past* verdoppelt:** *to stop* → *sto**pped;*** *to plan* → *pla**nned;*** *to beg* → *be**gged.*** So Team, jetzt heißt es wohl erst mal wieder pauken!

3 Regelmäßig oder unregelmäßig? Setze die Verben in die richtige Form im *simple past*.

GRUNDFORM (INFINITIVE)	SIMPLE PAST
to play	played
to go	
to put	
to live	
to clean	
to dance	
to be	
to come	
to read	
to see	

4 Sieh dir die Bilder an und schreibe einen Satz im *simple past* dazu.

The boy cleaned the bathroom.

5 **Setze passende Signalwörter für das *simple past, simple present* oder *present progressive* ein. Schreibe die korrekte Zeitform darunter.**

1 | On Tuesday, Helen ________ feeds the cat.

Zeitform: ________

2 | Charlie and Billy went to London ________ .

Zeitform: ________

3 | ________ ! They are playing football in the garden.

Zeitform: ________

4 | ________ , when I came home late, my mother was angry.

Zeitform: ________

Murph

Hey ihr, ich bin wieder da! Das läuft jetzt zwar schon ganz gut mit dem *simple past,* ich habe aber immer noch zwei Fragen: Wie funktioniert das mit Fragen? Und wie verneint man denn im *simple past?*

?

Dylan

O.k., dann fange ich mal mit den **Fragen** an, da kenne ich mich nämlich aus. Du brauchst dafür die *simple past*-Form von *to do,* also **did:**
***Did** you see Lisa on Saturday?*

Murph

Ist das wirklich immer so, dass man *did* nimmt? Und was ist denn in deinem Beispiel mit dem Verb ***see?*** Ist das der Infinitiv (Grundform) oder kann sich *see* auch verändern?

?

Doc

Richtig gute Fragen, Murph! Der Reihe nach:

1. Soweit ich weiß, benutzt du immer *did* für Fragen und es steht am Anfang: ***Did** you see her?* Wenn es aber ein **Fragewort** (z. B. *when, how, why*) gibt, dann steht das noch davor: ***When did** you go to school?*
2. Genau, *see* in Dylans Beispiel ist der **Infinitiv.** Für Fragen im *simple past* brauchst du immer ***did* + Inifinitiv** → ***Did** you **clean** the dishes*?

Murph

Dankeschön, Doc. ☺ Jetzt fehlen aber noch die Verneinungen! Wie funktionieren die denn?

?

Dylan

Stimmt, die sind wichtig und du kannst Verneinungen ja natürlich auch bei Fragen einsetzen!

Murph

Ach natürlich, das hatte ich ja ganz vergessen. Wie funktioniert es denn nun mit den Verneinungen im *simple past?* Kannst du mal ein paar Beispiele geben?

?

Dylan

Ist überhaupt nicht schwer: Als Erstes machst du aus *did* bei der **Verneinung did not.** Da gibt es dann wieder eine **Kurzform** zu, also **didn't.** Die wird auch sehr viel häufiger benutzt als die lange Form.

Doc

Richtig! Und hier kommen die gewünschten Beispiele:
Langform: *We **did not play** games after 6 o'clock.*
Kurzform: *Paul **didn't go** to school yesterday, he was sick.*
Frage: ***Did** he **not go** to school yesterday?*

Murph

I didn't know that. Prima, ich glaub, ich habs gerafft. ☺ Aber eins macht mir so langsam Sorgen: Jetzt haben wir schon drei **Zeitformen** gelernt. Wie kann ich die nur alle auseinanderhalten? Und wie soll das erst werden, falls noch mehr dazukommen?

Dylan

Meine Rede! Unsere Lehrerin hat schon angekündigt, dass noch ein paar dazukommen. Immerhin kannst du die Zeitformen ja ganz gut durch die Signalwörter auseinanderhalten! Also z. B. *always* oder *never* → *simple present; Look!* oder *now* → *present progressive; yesterday* oder *last year* → *simple past*

Doc

Und für das ***simple past*** hast du die einfachste **Erkennungsmethode** von allen: Hängt ein ***-ed*** am Verb, handelt es sich höchstwahrscheinlich um ein regelmäßiges Verb im *simple past!*

Murph

Außer es handelt sich um ein unregelmäßiges Verb. ☹ Können wir die nicht abschaffen? Da wär ich aber wirklich dafür!

Doc

Super Idee, Murph! Aber das könnte schwierig werden. Dafür habe ich noch einen **Tipp:** Wenn ein ***-ing*** am Verb hängt, dann kann es sich nur um eine Zeitform im ***progressive*** handeln und in den allermeisten Fällen ist es dann das *present progressive.* Wir schaffen das schon. Denn kommt Zeit, kommt Rat! 😉

6 **Fülle die Lücken. Manche Sätze ergeben Fragen, andere Verneinungen – aber alle stehen im *simple past*.**

Dylan ____________ his homework, so the teacher was mad at him.

____________ Katrina ____________ basketball yesterday?

No, they ____________ win the trophy, they lost the match.

Eezy didn't ____________ for the test, so he wrote a bad mark.

____________ Murph and Doc chat four days ago? No, they ____________. I think Murph's computer ____________ work last week.

7 **Verneine diese Sätze und benutze dazu die Kurzformen.**

Martha ate a big steak yesterday.

____

Jules did all of her homework last week.

____

Last night, Tom and Harry went to the movies.

____

I cleaned my bedroom this morning!

____

8 **Schreibe eine passende Frage zu jedem Bild im *simple past*.**

9 **Vervollständige diesen Dialog. Manche Sätze stehen im *simple present,* manche im *present progressive* und manche im *simple past.* Achte auf Signalwörter.**

Paulina: Hi, Ronald ______ (you; to go) to school now?

Ronald: Yes, I am. Why, do you ______ (to ask)? Do you ______ (to have) a problem?

Paulina: Yes, I ______ (to have). I ______ (to be) ill.

Ronald: That's too bad. I ______ (to be) ill last weekend and I ______ (to hate) it!

Paulina: I know, and I ______ (to be) never ill! Now all of you ______ (to go) to school, and I ______ (to stay) at home where it's boring.

Ronald: It ______ (to be) often boring at school, too. Yesterday, German ______ (to be) really boring. We ______ (to do) a lot of grammar.

Paulina: Well, I ______ (to go) to sleep a little now. Can you ______ (to write) down the homework for me?

Ronald: Of course! Bye, Paulina!

Paulina: Bye!

4 VERBS

BEISPIEL

*We **learn** a lot of English in school.*
English is fun!
*The girls **swam, shouted** and **played** in the pool last night.*
*The sun **is shining** over the city.*

VERWENDUNG

Wir nutzen Verben, um auszudrücken, dass **etwas geschieht oder dass wir etwas tun.** Mit Verben sagen wir, was etwas war oder ist oder wie es sein wird. Verben bestimmen die **Zeitstufe,** in der etwas passiert. Sie sind vielfältig und werden sehr unterschiedlich gebildet. Aber vor allem gilt:
Ohne ein Verb ist kein Satz vollständig!

WIEDERHOLEN

Damit sollten wir uns schon auskennen:
– Verbformen im *present progressive* → 6/7
– Verbformen im *simple present* → 17, 22
– regelmäßige und unregelmäßige Verbformen im *simple past* → 32

Murph

Leute, ich gebs auf! Jetzt sind wir schon seit drei Schulstunden mit Verben beschäftigt und jede Stunde bin ich verwirrter und verwirrter: **verbs** hier, *verbs* da, *verbs* überall. Gibt es eigentlich irgendwas, wofür man die nicht braucht?

?

Doc

Na, bei Mathearbeiten haben sie mir leider noch nicht geholfen. 😉 Aber ansonsten hast du recht: Verben sind in einer Sprache wirklich überall. Als Erstes musst du wissen, dass kein Satz vollständig ist ohne ein Verb: ***Every sentence needs a verb!***

Eezy

Kopf hoch, Murph! Es hat auch sein Gutes mit den Verben. Nimm mal das, was Doc gerade gesagt hat: Wenn jeder Satz ein Verb hat, heißt das doch, dass du super viel über das Englische weißt, wenn du dich mit den Verben auskennst!

Murph

Ich sag dir, was es aber auch heißt: Wenn ich nichts über Verben weiß, dann kann ich also kein Englisch! 😉

Eezy

Tja, ich fürchte, da hast du recht. Aber das kriegen wir schon hin. Regel Nummer 1: Verben sind super wichtig! ***Du brauchst ein Verb, wenn du sagen willst, was du gerade tust oder was gerade um dich herum passiert.*** Zum Beispiel … ach, für Beispiele haben wir ja unseren Doc. 😊

Doc

Genau, jetzt lasst mal den Meister ran! 😉 Also Murph, ich hab da ein paar schöne Beispiele für dich:
I always ***watch*** *football on Saturday evening.*
My father always ***cooks*** *dinner at the weekends.*
Dylan and Murph ***are eating*** *six hamburgers.*

Murph

Mmmmmh, lecker. Aber ihr habt gut reden, ihr werdet ja auch nicht ständig an die Tafel geholt. 😵 Ich guck mir jetzt mal ein paar Verben im Englischbuch an.

1 **Erkenne die Verben und bringe die Buchstaben in die richtige Reihenfolge.**

Miranda *asdre* a lot of books every week. reads

Tia always *tsea* broccoli on Saturday.

Mr Murphy sometimes *kwals* his dog in the garden.

Mrs Murphy never *eselsp* in the afternoon.

I sometimes *raedm* about a football match.

Let's *og*! You *vhae* to *od* your homework!

2 **Erkenne die Verben in den verschiedenen Zeitformen und bringe die Buchstaben in die richtige Reihenfolge.**

Jane and Lisa are *chingwta* a film in the living room.

watching

Yesterday, Ben *newt* to a museum with his father.

Here in London, the people often *rkind* tea.

Last year, I *was* an alien from Mars in the park!

Mrs Benson is *itrwngi* a postcard to her brother Jack.

Murph

O Mann, heute sollte ich erklären, was **main verbs** sind. Ich hab das eben gerade mal nachgeschlagen und gesehen, dass das auf Deutsch die **Vollverben** sind. 😵 Äh, was genau sind denn Vollverben?!

Doc

Das sind **Verben, die als einziges Verb in einem Satz stehen.** Die meisten Verben sind zum Glück Vollverben. Du kennst ja z. B. schon *to play, to read* oder *to eat*. Das sind alles Vollverben:
Michael ***eats*** *his lunch. Then he* ***reads*** *a book. Sometimes he* ***plays*** *basketball.*
Josie ***ate*** *at the cafeteria yesterday.*

Murph

Ach so! Da werde ich morgen im Unterricht vielleicht mal glänzen. ☺ Vollverben können sich aber auch verändern, oder? So ist das ja in deinen Beispielen.

Doc

Klar, die meisten Verben verändern sich, wenn du sie in unterschiedlichen Zeitformen benutzt! Viele der Vollverben sind einfach zu bilden. Aber leider sind nicht alle regelmäßig.

Eezy

Genau! Schau dir mal Docs Beispiele an. Da kommt *to play* vor. Das ist ein einfaches Verb, denn in der Vergangenheit wird *played* daraus. Du hängst also ganz normal *-ed* dran. Aus *to eat* wird in der Vergangenheit aber *ate,* wie du oben sehen kannst. Es ist also ein **unregelmäßiges Vollverb.**

Murph

Mensch, und ich dachte, es reicht regelmäßige und unregelmäßige Verben zu unterscheiden. Jetzt gibts auch noch ***regelmäßige und unregelmäßige Vollverben!*** Heißt das etwa, es gibt auch andere Verben, die keine Vollverben sind?

Doc

Bingo! Aber keine Angst, so kompliziert sind die nicht! Mit denen können wir uns gleich noch beschäftigen.

3 **In diesem Blog einer Schülerin aus Wales fehlen die Vollverben. Setze das richtige Verb in die Lücken.**

to be – to read – to write – to sing – to talk – to be – to look – to do – to see – to buy

OMG (= Oh my God), today ______ a fantastic day! In the first lesson, Mrs Snow ______ about her weekend: She always ______ in a choir on Fridays, and sometimes she ______ new clothes on Saturdays. But this last weekend, she ______ a movie star in Cardiff. Of course, I ______ not believe her a word! ☺ I am sure it ______ just someone who ______ like a movie star. I am ______ this right now but she can never ______ my blog!

4 **Schreibe die Verben aus dem Text oben heraus und bestimme die richtige Zeitform.**

VERB	ZEITFORM	VERB	ZEITFORM
was	*simple past*		

Murph

So weit, so gut. Und jetzt werde ich das Englisch-Team mal mit meinen neuen Kenntnissen verblüffen. Die Verben, die keine Vollverben sind, nennt man **Hilfsverben,** richtig?

?

Doc

Verblüffend! Ja, ganz genau, Murph. Und weil das im Deutschen so schön einfach klingt, klingt es im Englischen natürlich wahnsinnig schwierig: ***auxiliary verbs.***

Eezy

Na super. Aus „Hauptverb" wird im Englischen *main verb,* ganz locker und leicht. Und aus „Hilfsverb" wird so ein kompliziertes *auxiliary?* Na gut, das müssen wir wohl lernen. Was genau ist denn eigentlich ein *auxiliary verb?* Und wofür brauchen wir das?

?

Murph

Da hätte ich eine Idee. Hilfsverben sind im Deutschen Verben, die zusammen mit einem Vollverb in einem Satz stehen. Also z. B. das Verb **sein,** das brauchen wir ja total häufig: „Ich **bin** heute elf Jahre alt geworden."
Das ist auf Englisch bestimmt auch so.

Doc

Super, Murph! Im Englischen sind ***to be*** und ***to do*** wichtige Hilfsverben bzw. *auxiliary verbs*. Und wollen wir wetten, dass einer von euch meine nächste Frage beantworten kann?
Wenn ihr eine Form von *to be* als Hilfsverb habt, in welcher Zeitform steht dann das Vollverb? Erinnert ihr euch noch daran?

?

Eezy

Wisst ihr was? Ich glaube, Doc wird mal Lehrer.
Aber ich glaube, ich erinnere mich tatsächlich:
to be + verb + -ing = present progressive. Ist doch easy.

Singular:
*I **am eating** five cheeseburgers now!*
*Helen **is reading** a good book.*

Plural:
*We **are talking** about English now.*
*They **are winning** the volleyball match.*

Doc

He! Ich werd kein Lehrer! Auf gar keinen Fall. ☺
Es gibt übrigens noch andere Hilfsverben, z. B. ***will*** oder ***have*** – aber ich glaube, das reicht für den Anfang. Ich häng euch mal eine Tabelle an, da wird das hoffentlich alles ganz klar:

VOLLVERBEN (MAIN VERBS)	BEISPIELE MIT VOLLVERBEN	HILFSVERBEN (AUXILIARY VERBS)	BEISPIELE MIT HILFSVERBEN	AUSNAHME: TO BE ALS VOLLVERB
to play	Karl **plays** the oboe.	to be	Karl **is** asking a question.	Karl **is** 11 years old.
to ask	Sally **asked** a question.	to do	**Does** Sally **play** the oboe?	They **are** a good team!
to eat	You **eat** too much ice cream.	to have	**Have** I **bought** too much ice cream?	I **am** hungry.
to know	I **know** the answer.			

Murph

Moment! Heißt das, ***es gibt Verben, die sowohl Hilfsverben als auch Vollverben sind?*** O nein, nicht schon wieder eine Ausnahme?

Eezy

Sorry Murph, aber es gibt sogar jede Menge von diesen Verben. ☺ Zum Beispiel kann ***to do*** ein Vollverb, aber auch ein Hilfsverb sein. **In Fragen, Antworten oder Verneinungen steht *to do* als Hilfsverb:**
Do *you like this CD? No, I* ***don't*** *like this CD.*
Does *Karl play the guitar? No, he* ***doesn't*** *play the guitar.*

Doc

Und wie du in der Tabelle siehst, ist ***to be*** auch beides. **Im *present progressive* ist es ein Hilfsverb** – das hast du ja selbst schon festgestellt. Um aber z. B. zu sagen, wie alt du bist oder wie gut du etwas kannst, benutzt du es als Vollverb: *Murph* ***is swimming*** *in the pool* (Hilfsverb). *He* ***is*** *a great swimmer* (Vollverb).

5 Finde die *auxiliary verbs* und die *main verbs* und schreibe sie auf.

F	D	O	T	U	S	W	I	M	P	L	G	T	E	D
D	I	D	X	U	A	S	E	E	L	O	D	O	E	S
Q	T	E	L	L	L	M	V	Y	U	L	I	E	N	R
L	S	C	L	I	V	E	P	S	L	W	Z	U	H	J
E	A	T	I	E	X	M	N	L	I	K	E	B	P	I
M	M	E	R	H	A	D	Q	L	D	C	M	I	U	K

main verbs:

auxiliary verbs:

6 Schreibe vier Sätze mit den *auxiliary verbs* aus dem Gitterrätsel.

7 **Ergänze diese Sätze mit den passenden Verben aus dem Kasten. Markiere die *auxiliary verbs* grün, die *main verbs* rot.**

has got – are – like – is – watched – does
is – forget – works – are – do – is – does

Oh, look! Mark ______ running across the street!

Mr and Mrs Johnson ______ buying a new car.

Mrs Johnson ______ at a bank.

She ______ the manager of the bank.

The weather ______ really hot today.

______ Emily swim in the lake?

No! Lisa and Linda ______ listening to the new Justin Beeper CD, and I don't like it!

______ you have a dog at home?

Bob and Bert always ______ their homework – the teacher doesn't like that!

______ your family go to church on Sundays?

I don't ______ the new car of Mr and Mrs Johnson – I liked their last car much more.

Timothy ______ a new computer.

Yesterday, I ______ a scary movie at home.

Murph

Schön, jetzt weiß ich langsam mehr über Verben! Bin aber trotzdem verwirrt. 😨 Also, es gibt Verben, die sind Vollverben und die stehen allein im Satz. Und es gibt Hilfsverben, die noch ein zweites Verb – ein Vollverb – brauchen, um einen Satz zu bilden. Alles so weit richtig?

Eezy

Alles richtig! Das hier sind die Verben, die du unbedingt lernen solltest, weil sie wirklich ganz wichtig sind: ***to be, to have*** oder ***to have got*** und ***to do!*** **Die können nämlich Hilfsverb und Vollverb sein und außerdem sind sie unregelmäßig.** Aus ***to be*** (= sein) wird z. B. ***I am*** und in der Vergangenheit ***I was.*** Diese drei Verben kommen ständig und überall vor!

Murph

Und wie soll ich die lernen? Kann mir da mal jemand auf die Sprünge helfen? Mein Hirn schaltet sich nämlich gleich aus!

Doc

Hallo, Doc hier. Alles kein Problem! Ich hab noch eine schlaue Tabelle, die macht alles viel klarer. Nehmen wir mal das Verb *to be*, denn das kommt wohl am häufigsten im Englischen vor! Guckt euch mal die Tabelle genau an, da seht ihr, wie es verwendet werden kann:

TO BE				
ALS VOLLVERB	**ALS HILFSVERB**	**IM PRESENT PROGRESSIVE**	**IM SIMPLE PRESENT**	**IM SIMPLE PAST**
I ***am*** 11 years old. Lily ***is*** a great singer. Jack ***is*** late. ***Be*** quiet!	I ***am writing*** a letter. They ***are drinking*** a cup of tea.	I ***am writing*** a letter. They ***are drinking*** a cup of tea.	I ***am*** 11 years old. Lily ***is*** a great singer. Jack ***is*** late.	I ***was*** 11 years old last year. Jack ***was*** late last night.

Murph

Wow, das ist ja gar nicht so schwer! Das heißt also, ***to be*** ist **Hilfsverb im *present progressive*** und ansonsten nutzen wir es als Vollverb?

Doc

Bingo! Im ***simple present*** kannst du es als **Vollverb** in einem Aussagesatz benutzen, und zwar entweder in der Langform oder in der Kurzform:
Langform: *We **are** a team of English champions.*
Kurzform: *We'**re** a team of English champions.*

Außerdem benutzen wir *to be* als Vollverb bei:
1. verneinten Aussagesätzen.
2. Entscheidungsfragen; also Fragen, auf die du mit „Ja" oder „Nein" antwortest. (z. B. Bist du müde?)
3. Kurzantworten.
4. Befehlsformen.

Das ist echt viel, ich weiß. Vielleicht hilft euch das:

TO BE			
IM VERNEINTEN AUSSAGESATZ	**BEI ENTSCHEIDUNGSFRAGEN**	**BEI KURZANTWORTEN**	**BEI BEFEHLSFORMEN**
I **am** not a good basketball player. He'**s** not good in English. We'**re** not at home.	**Am** I a good basketball player? **Are** you good in English? **Are** they at home?	Yes, I **am.** No, you'**re** not. Yes, we **are.** No, they **aren't.**	**Be** quick! Don't **be** so loud! Don't **be** sad! **Be** quiet, please!

Murph

Prima, das leuchtet mir ein! Aber das war ja jetzt erst ein Verb von den dreien. Wie ist denn das bei *to do* und bei *to have* bzw. *to have got?*

Doc

Das ist das Schöne an der Sache: Es ist alles ganz ähnlich! Wenn du *to do* als **Vollverb** benutzt, musst du vor allem wissen, dass es im Deutschen **machen, tun** oder **erledigen** heißen kann.

Eezy

Und es kann auch im *present progressive* oder im *simple present* stehen. Und denk dran: In der 3. Person im *simple present* wird *do* zu *does!*
1. Person: *I never **do** my homework before lunch.*
3. Person: *Mo never **does** her homework before lunch.*

Murph

Aber ansonsten können wir *to do* genauso wie *to be* verwenden? Also bei Entscheidungsfragen, bei Kurzantworten usw.?

Eezy

Fast. Bei **Entscheidungsfragen und Kurzantworten** kannst du ***to do*** verwenden. Da ist es dann aber ein **Hilfsverb:**
Frage: ***Do*** *you like ice cream?*
Kurzantwort: *Yes, I* ***do*** *(like ice cream).*
Auch bei **Verneinungen** passt *to do* sehr oft, aber auch hier ist es wieder ein Hilfsverb:
We ***don't*** *eat ice cream often. Thomas* ***doesn't*** *like it.*

Doc

Und jetzt noch das Vollverb ***to have got.*** Das bedeutet **haben** oder **besitzen.** Auch hier hängst du im *simple present* in der 3. Person Singular ein -s an:
Langform: *Murph* ***has got*** *a "1" in English!*
Kurzform: *Sheila****'s got*** *a new smartphone.*

Eezy

Auch mit ***to have got*** kannst du wieder dieselben Sachen bilden. Bei Fragen werden das Subjekt und das Verb getauscht:
Aussage: You have got a new smartphone.
Frage: Have you got a new smartphone?
Bei **Kurzantworten** entfällt das *got!* → *Yes, I have!*
Verneinung: *I* ***haven't got*** *a "1" in English.*
She ***hasn't got*** *a new smartphone.*
Die 3. Person Singular hat wieder ein -s, also ***has.***

Murph

O.k.! Ich benutze jetzt auch mal die 3. Person Singular mit *-s*: Schlus**s**, Murph reicht**s**! Die Verben mus**s** er jetzt erst mal verdauen! ☺

8 **Ergänze diese Mindmap. Verwende so viele Verben, wie dir einfallen.**

Tipp: Eine Mindmap hilft dir, deine Gedanken zu ordnen. Das ist zum Beispiel wichtig, wenn du eine schwierige Aufgabe vor dir hast – eine Party mit vielen Gästen, eine komplizierte Klassenarbeit oder auch ein viel zu langer Wunschzettel. ☺
Im Zentrum deiner Mindmap steht der Begriff, um den es geht. Davon ausgehend ordnest du alle deine Ideen zu miteinander verbundenen „Ästen".

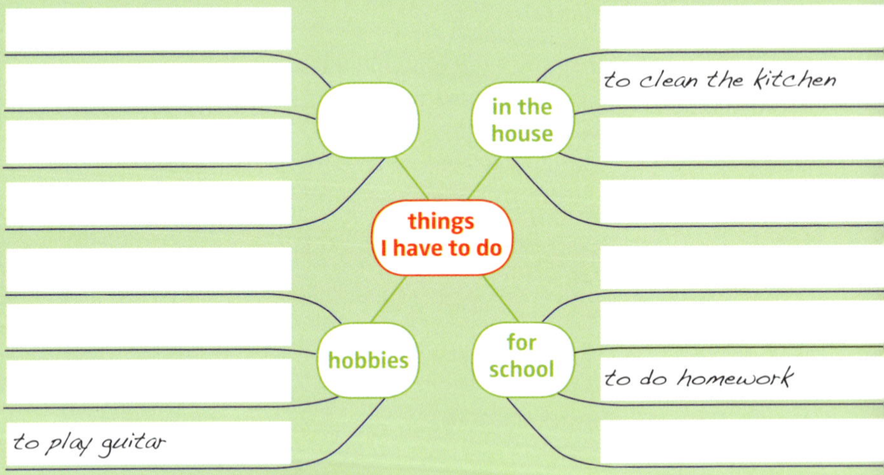

9 **Wiederholung: Ergänze die richtigen Formen dieser unregelmäßigen Verben im *simple past*.**

INFINITIVE	SIMPLE PAST
to go	he went
to be	they
to do	we
to give	she
to get up	I
to make	you
to teach	the teacher
to eat	Becky

10 **Markiere alle Verbformen, die zu den Infinitiven *to do, to have got* und *to be* gehören.**

Yesterday, Louisa was at home baking muffins.

Don't you understand me?

Suddenly, the telephone rang.

Tim has got a '1' in English, so he is very happy with his test.

His parents were watching a movie when the telephone rang.

Mr and Mrs Smith are watching a movie about Wales.

They have got a fantastic time and don't hear the telephone ring.

The family has got a dog called Chilli, and Chilli is barking!

Have you got any idea what time it is?

11 **Schreibe eine E-Mail an eine Freundin oder einen Freund. Setze passende Wörter ein und verwende die richtige Zeitform der Wörter in Klammern.**

Tipp: Das ist eine schwierige Aufgabe, also lass dir Zeit bei der Beantwortung! Es gibt für jeden Satz mehrere Lösungsmöglichkeiten. Schau dir vorher ruhig noch mal die letzten Kapitel an.

Hey ______,

I ______ ______ (to go) last night and ______.

My parents ______ ______ (to be) and I ______ (not to do) homework.

Now, the teacher ______ (to be mad) and I ______ (not to like)! What ______ (you; to do) yesterday? ______ (to be) at Ashley's party?

I ______ (to go; to tidy) now, ______ ______.

CU (= see you) soon!

______

5 NOUNS AND ARTICLES

BEISPIEL

We write ***an English test*** *in* ***school.***
The pool, the beach *and* ***the disco*** *are all* ***places*** *where we can have* ***fun.***
The kids *are writing* ***an English test.***

VERWENDUNG

Wir nutzen Substantive und Artikel, um etwas zu benennen. **Substantive** geben Dingen ihren Namen – und natürlich auch Menschen oder Tieren. Außerdem können wir mit Substantiven auch Dinge ausdrücken, die nicht greifbar sind, z.B. Gefühle wie Glück oder Ärger. Mit **Artikeln** bestimmen wir die Substantive genauer.

WIEDERHOLEN

Damit sollten wir uns jetzt schon auskennen: die Unterscheidung von regelmäßigen und unregelmäßigen Formen, denn Substantive können das auch sein (nicht nur Verben).

Murph

Jemand on? Hab da was nicht ganz verstanden, als es um ***Substantive und Artikel*** ging. Unser Lehrer meinte, dass Artikel dazu da sind, die Substantive – die er auch Nomen, also **nouns,** nennt – näher zu bestimmen. Was genau bestimmen die denn näher?

Dylan

Hey Murph, ich glaube, wir sind heute zu zweit hier. ☹ Aber das mit den ***nouns*** und ***articles*** habe ich verstanden! Pass auf: ***Wir benutzen Substantive, um Dingen einen Namen zu geben.*** Wir nennen einen Tisch eben Tisch, und nicht Tischlinski.

Murph

??? Warum sollten wir einen Tisch auch Tischlinski nennen? Du hast vielleicht Ideen! ☺ Und außerdem benennen wir doch mit Substantiven ***nicht nur Dinge, sondern z. B. auch Personen oder Gefühle.*** ***Table, jeans, boy, girl, happiness*** *are all* ***nouns.***
Nur: Was bringt mir das jetzt für meine Artikel?

Dylan

Artikel sind dazu da, Substantive zu bestimmen. Es gibt ***bestimmte*** und ***unbestimmte Artikel.*** Wenn du von **einem Tisch** sprichst, also mit dem **unbestimmten Artikel,** ist es eben irgendein Tisch: ***a*** *table.* Wenn du aber den bestimmten Artikel ***the*** verwendest, dann sprichst du von einem ganz bestimmten Tisch: ***The*** *table in our kitchen.* Und das können wir mit Artikeln ausdrücken.

Murph

Hm, o.k. Nur eins ist mir doch nicht so klar: Warum müssen wir im Englischen denn die ***nouns*** **kleinschreiben?**

Dylan

Hm, frag mich mal was Leichtes! Es gibt aber einige ***Ausnahmen:*** **Namen, Ortsnamen, Sprachen, Nationalitäten und Wochentage werden z. B. großgeschrieben!** Und am Anfang eines Satzes schreibt man ein ***noun*** natürlich auch groß:
E*ezy and* ***D****oc are going to* ***B****erlin.*
A*pples are my favourite food.*
We are learning ***E****nglish on* ***M****onday.*

1 **Mach ein Brainstorming und trage auf die drei Notizzettel so viele Substantive wie möglich zu jedem Thema ein.**

Tipp: Versuche, nicht zu lange nachzudenken. Schreib spontan auf, was dir zu den Überschriften einfällt. Es geht dabei überhaupt nicht um die Reihenfolge. Beim Brainstorming darf ruhig ein bisschen Chaos herrschen!

in the house

bedroom, kitchen, ...

at school

classroom, pupils, ...

hobbies

football, basketball, ...

2 **Entscheide, welche Wörter hier großgeschrieben werden müssen, und markiere sie. Dann schreibe die Sätze noch einmal richtig auf. Benutze – falls der Platz nicht ausreicht – dein Übungsheft.**

dylan and murph are chatting on the internet.

they want to find out how to use nouns in english.

doc and eezy are not there to learn english with them.

the boys are very interested in england and in the usa.

dylan wants to go to new york soon.

murph's teacher is called mr schmitz, and he is very nice.

dylan's teacher is called ms flink, but the pupils call her "flinkie".

Murph

O.k., wenn Eezy und Doc heute nicht online sind, können wir ja zu zweit weitermachen. Ich hab da nämlich noch eine Frage, Dylan. Unser Lehrer meinte, es gibt auch ***regelmäßige und unregelmäßige Substantive!*** Was soll das denn sein?

Dylan

Kein Problem! Ich weiß, was dein Lehrer meint. Es geht um die Mehrzahl, also den Plural, von Substantiven. Bei den ***regelmäßigen Substantiven hängst du im Plural einfach ein -s hinten dran:*** *pupil**s**, boy**s**, girl**s**, question**s**, computer**s**, ...*

Murph

Aha, das ist ja tatsächlich einfach. Aus *cat* wird *cat**s*** und aus *dog* wird *dog**s*** und aus *one Dylan* werden *two Dylan**s***, richtig?

Dylan

Schnellchecker! Wobei ich natürlich einzigartig bin. 😉 Aber jetzt pass auf: Es gibt auch ***regelmäßige Substantive mit etwas anderen Pluralendungen.***

- **An Substantive, die auf *-x, -ch, -s* enden, hängen wir im Plural *-es* an:**
  witch → witches, bus → buses, box → boxes
- **Dann gibt es noch ein paar Ausnahmen unter den regelmäßigen Substantiven:**
  baby → babies, party → parties, hobby → hobbies
  life → lives, knife → knives, shelf → shelves
  hero → heroes, potato → potatoes

Murph

Moment – das bedeutet also, dass
- Substantive, die auf ***-y*** enden, im Plural mit ***-ies*** geschrieben werden?
- Und bei Substantiven mit einem ***-fe*** oder ***-f*** benutzen wir im Plural stattdessen ***-ves*** am Ende?
- Und aus ***-o*** wird einfach ***-oes?***

Dylan

Ganz genau! Nur, wie du ja weißt, gibt es keine Regel ohne Ausnahme. Na ja, zumindest was die Substantive auf *-fe, -f* und *-o* betrifft. Die werden manchmal auch ganz normal mit *-s* im Plural gebildet. Das kommt aber ganz selten vor!

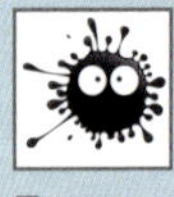

Eezy

Hi Leute, so fleißig? ☺ Wir machen den Plural auch gerade in Englisch. Wenn ich das richtig verstanden habe, sind die **regelmäßigen Pluralformen** also entweder mit **-s** am Ende gebildet *(book → books)* oder mit ***-es*** *(fox → foxes)*? Und manchmal ändert sich zusätzlich ein Buchstabe davor *(echo → echoes)*?

Dylan

Hey, Eezy is in the house! Tja, so hätte ich das natürlich auch ausdrücken können. Du musst dir die Substantive, die auf *-es* enden und Ausnahmen sind, einfach einprägen!

Murph

Hi Eezy! Und wie sieht es mit den ***unregelmäßigen Pluralformen*** aus? Wenn es schon bei den regelmäßigen Substantiven Ausnahmen gibt, wie ist es dann erst mit denen?

Dylan

Keine Panik! Das ist nur ein kleines bisschen komplizierter. Aber doch kein Problem für das Englisch-Team! Bei den ***unregelmäßigen Substantiven*** muss man die **Pluralformen** einfach **auswendig lernen,** da gibt es keine Regeln für.

Murph

Das heißt, es ist ungefähr so wie bei den unregelmäßigen Verben? Da muss man sich ja auch einprägen, dass aus *to be* z. B. *she is* oder *you were* wird?

Dylan

Jep! Hier mal eine Übersicht mit Beispielen: ☺

PLURAL AUF -S	PLURAL AUF -ES	PLURAL UNREGELMÄSSIG
house → houses cat → cats book → books word → words noun → nouns star → stars trick → tricks	family → families butterfly → butterflies tomato →tomatoes life → lives wife → wives quiz → quizzes bus → buses	mouse → mice woman → women child → children tooth → teeth foot → feet fish → fish sheep → sheep

3 **Markiere bei diesen Wörtern alle Substantive, die im Plural stehen, und trage sie dann in die Tabelle ein.**

new – noun – mice – house – potatoes – green – pupils – teachers – she – Peter – families – parks – rabbit – guitars – CDs – game – women – girls – children – tables – eat – food – sandwiches – basketball – matches – parties – discos – nice – tomatoes – green – sister – are – brothers – the – lives – blue – firemen – beds – houses – cloud – nine – black – feet – fish

SUBSTANTIVE MIT …		
PLURAL AUF *-S*	PLURAL AUF *-ES*	UNREGELMÄSSIGE PLURALFORM

4 **Schreibe für jedes Bild einen Satz und setze dabei das Substantiv in den Plural.**

Murph

Uff, das wird jetzt aber schon ganz schön schwierig. Ist das alles, was ich zu den Pluralformen wissen muss?

Eezy

Na ja, es gibt noch eine fiese Besonderheit: Es gibt nämlich Substantive, die benutzt man im Englischen nur in einer Form. Sie werden entweder *immer als Plural oder immer als Singular verwendet.*

Dylan

Ach ja, davon hab ich schon gehört! Vor allem die *Pluralformen* sind wichtig, denn die sind meist anders als im Deutschen: **Brille** (Sg.) wird zu ***glasses*** (Pl.), **Hose** (Sg.) zu ***trousers*** (Pl.). Auch ***jeans*** gibts im Englischen nur im Plural, aber da haben wir im Deutschen, weil es ja ein englisches Wort ist, auch nur eine Form.

Murph

Hat das was zu bedeuten, dass **diese Dinge alle aus zwei Teilen bestehen?** Also, eine Jeans hat ja zwei Hosenbeine, eine Brille zwei Gläser usw.?

Dylan

Wow, Murph. Genau! Deswegen nennt man diese Substantive auch *Paarwörter.* Die Substantive, die nur im Singular stehen, haben leider nicht so einen einfachen Namen.

Murph

Hm, ich glaube, von denen habe ich schon gehört. Waren das nicht die, die man nicht zählen kann? Macht doch auch Sinn, dass man Sachen, die man nicht zählen kann, nur in einer Form benutzt. Also nur im Singular.

Eezy

Das macht allerdings Sinn. *Dinge, die du nicht zählen kannst,* die kannst du logischerweise auch nicht in den Plural setzen! Die *bleiben immer im Singular.* Das sind Wörter, die du am besten wieder auswendig lernst, z. B. die folgenden:
music, food, love, happiness, bread, water, milk, money, power – und noch einige mehr.

5 **Setze ein Kreuz in die richtige Spalte.**

SUBSTANTIV	PAARWORT (PLURAL)	NICHT ZÄHLBAR (SINGULAR)
jeans	×	
glasses		
music		
work		
headphones		
rice		
love		
scissors		
sadness		

6 **Setze die richtigen Substantive in die Lücken ein.**

headphones – jeans – sunglasses – music – homework

Luma: You are wearing my favourite __________ again!

Katie: And your __________ is too loud! I'm trying to do my __________. Use your __________, please!

Luma: You also took my __________ – it's not even sunny today!

Mum: Please stop fighting, you two!

Murph

Plural hab ich jetzt kapiert – aber eine andere Sache hab ich noch nicht verstanden: Wie ist das denn mit diesem seltsamen angehängten **'s** an den Substantiven? Zum Beispiel bei *Michael'**s** father.* Checkt ihr das?

?

Eezy

Das ist der *s-Genitiv.* Komischer Name, ist aber gar nicht so schwer! Der **s-Genitiv drückt aus, dass irgendwas oder irgendjemand zu einer bestimmten Person gehört.** Du benutzt ihn schon ganz richtig, also mit Apostroph und einem **angehängten -*s*:**

*Clara'**s** mother works at a bank.*

*Timothy'**s** new mobile phone is black and white.*

Dylan

Das gilt aber nur, wenn etwas **einer** Person gehört. Wenn etwas mehreren Personen gehört, hängst du das Apostroph gleich an die **regelmäßige Pluralform** an, denn die endet ja schon auf **-*s*:**

*The Smith**s'** cat is called Molly.*

*The pupil**s'** homework is difficult.*

Bei **unregelmäßigen Pluralformen** hängst du aber wieder erst das **Apostroph** und dann **-s** an:

*The men'**s** favourite food is pizza.*

*The sheep'**s** favourite food is grass.*

Murph

Aha, das gilt also auch bei Tieren! ☺ Es kommen immer irgendwie ein Apostroph und ein -s vor. Nur wie ist das denn, wenn nacheinander von zwei Personen geredet wird? Zum Beispiel *Johnny's and Timmy's favourite food is pizza.* Stimmt das so?

?

Dylan

Das ist mal eine wirklich gute Frage, Murph! Und ich weiß sogar die Antwort. Leider stimmt dein Beispiel nicht! Wenn von zwei Personen die Rede ist, wird zusammengefasst und du schreibst das -s nur einmal:

***Johnny and Timmy's** favourite food is pizza.*

Eezy

Richtig! Aber Vorsicht, Leute: Es gibt natürlich auch Substantive im Plural, die auf -s enden und gar nichts mit dem s-Genitiv zu tun haben! Da müsst ihr genau hingucken, damit ihr das nicht verwechselt. ☺

7 **Bestimme, ob es sich um ein Substantiv im Plural, den s-Genitiv im Singular oder den s-Genitiv im Plural handelt.**

My brother's best friend is from London.

Antwort: brother's, s-Genitiv im Singular

My parents gave me three new toys for my birthday.

Antwort:

The Millers' new house is wonderful and has a big garden.

Antwort:

Layla's jacket is red, yellow, and green.

Antwort:

The team's favourite food is Spaghetti Bolognese.

Antwort:

There are red and blue felt tips *(Filzstifte)* in my pencil case.

Antwort:

Julie's mother works at a bank.

Antwort:

The mothers of Tim, Kaley, and John work at the supermarket.

Antwort:

Eezy

Hey Team, ich noch mal. Ich hätte da noch 'ne Frage zu den Artikeln. Die haben wir ja noch gar nicht so ausführlich besprochen.

Dylan

Na klar, Eezy! Es gibt im Englischen unbestimmte und bestimmte Artikel. Wie im Deutschen eben auch.

- Für die deutschen Artikel „der", „die" und „das" gibt es nur den einen **bestimmten Artikel** the.
- Aus den unbestimmten Artikeln „ein" oder „eine" werden auf Englisch a oder an. Du verwendest ***a,*** wenn das dazugehörige Substantiv mit einem Konsonanten beginnt, und ***an,*** wenn es mit einem Vokal beginnt.

DEUTSCH	ENGLISCH (BESTIMMTER ARTIKEL)	ENGLISCH (UNBESTIMMTER ARTIKEL)
Der Kuchen schmeckt lecker.	**The** cake is yummy.	
Das Schlafzimmer hat eine grüne Decke.	**The** bedroom has got …	**a** green ceiling.
Mama hat einen Toaster gekauft.		Mama bought **a** toaster.
Die Sonne scheint jeden Tag.	**The** sun shines every day.	
Das ist eine interessante Frage.		This is **an** interesting question.
Die Hausaufgaben waren zu schwierig für eine Schulklasse.	**The** homework was too difficult …	for **a** class in school.

Murph

Nehmen wir ***the*** denn für alle Substantive? Im Deutschen sagen wir doch z. B. „Er spielt Gitarre" und nicht „Er spielt die Gitarre". Die Engländer machen das manchmal anders als wir, ist mir aufgefallen. ☺

Dylan

Stimmt! Das ist Merkstoff. Im Englischen heißt es *He plays **the** guitar.* Dafür benutzen wir aber im Englischen oft keinen Artikel, wo im Deutschen einer steht:
Lisa lives in Dover Road (in **der** Doverstraße) oder bei *She goes to school by bike* (mit **dem** Fahrrad).

8 **Setze den richtigen unbestimmten Artikel ein.**

______ great CD

______ fantastic film

______ apple

______ pretty girl

______ old teacher

______ interesting lesson

______ answer

______ piece of chocolate

9 **Fülle die Lücken mit passenden Artikeln.**

Eileen: Hey Jo, how was your day? Our teacher, Mrs Smith, was in ______ bad mood today. No one did ______ homework – not one of us had it!

Jodie: Hey Eileen, I'm great! Today was ______ really cool school day! We watched ______ film in ______ English lesson. Mr Rhadjani is ______ best teacher in school!

Eileen: That's great. Mrs Smith is ok but she's not ______ favourite teacher of my class. We all like ______ Maths teacher!

Jodie: Is he ______ older man? ______ one with a beard?

Eileen: Yes, that's him. I don't like Maths but ______ teacher's jokes are really ______ best! ☺

Murph

Leute, so langsam kenne ich mich jetzt mit Substantiven, deren Plural und Singular und mit den Artikeln aus. Also ich finde, das haben wir gut gemacht. ☺

Dylan

Absolut! Aber uns fehlen noch die Zahlen. Also wir müssen die zumindest in der Schule lernen. Die **Grundzahlen** kennst du ja: *one, two, three, five boys, twelve chairs.* Kennst du auch die ***Ordnungszahlen?***

Murph

Sind die so was wie *the first, the second* usw.? Also Zahlen, mit denen ich eine Reihenfolge herstelle? Erstens, zweitens, drittens bzw. erster, zweiter, dritter?

Eezy

Jep, die sind das! Also, bei den Grundzahlen musst du auf Englisch zählen können. Zahlen ab 20 schreibt man mit einem Bindestrich: *twenty-one, twenty-four, fifty-eight, sixty-nine.*

Murph

Das ist ja anders als im Deutschen! Wir sagen doch „ein-und-zwanzig" und bei den Engländern heißt es *twenty-one?* Die drehen das um!?

Dylan

Stimmt! Außerdem musst du dir noch merken, dass die Zahlen **100** und **1000** mit dem englischen *a* oder *one* beginnen: *Murph asks* ***a hundred*** *questions.* Ansonsten haben Zahlen, die größer als 100 sind, ein *and* als Bindewort:
231 = two hundred ***and*** *thirty-one.*

Eezy

Etwas schwieriger sind aber die **Ordnungszahlen.** Die ersten drei schreibt man *first* (1st), *second* (2nd) und *third* (3rd): *Carl finished the race in* ***first*** *place, Louis was in* ***second*** *and Tim in* ***third*** *place.*
Bei den Zahlen danach hängt man einfach ein ***-th*** an: *On her sixteen**th** birthday, Wendy had a big party.*
Außer, wenn eine Zahl auf ***-y*** endet, dann hängt man ***-ieth*** an: *On his sixt**ieth** birthday, Mr New went to York.*

10 **Schreibe die folgenden Zahlen aus. Achte darauf, ob es sich um eine Grundzahl oder eine Ordnungszahl handelt.**

59	fifty-nine
1	
3	
4th	
25	
100	
7th	
118	
20th	
314	
70th	
21	
2nd	

6 PRONOUNS

BEISPIEL

***You** and **I, we** are writing an English test.*
This** is not **your** book – it is **mine!
*Look at **this! These** jeans are fantastic.*
*Are **they yours?***

VERWENDUNG

Wir nutzen Pronomen, **um auf etwas hinzuweisen oder um bestimmte Substantive zu ersetzen.** Personalpronomen wie *he* oder *she* kann man anstatt eines Namens verwenden. Mit Possessivpronomen kann man ausdrücken, wem etwas gehört, und mit Demonstrativpronomen deutet man auf bestimmte Gegenstände hin.

WIEDERHOLEN

Damit sollten wir uns jetzt schon auskennen:
– Verben, Substantive und Artikel
– *he, she, it* – das „s" muss mit!

Murph

Stellt euch vor, jetzt haben wir das mit den Substantiven endlich durch und nun behauptet unser Lehrer, wir müssen auch die ***Pronomen*** kennen, mit denen wir Substantive ersetzen! Muss das sein? ☹

Doc

Na ja, Murph, irgendwie schon. Ohne Pronomen wäre die Sprache ganz schön langweilig. Wenn wir immer nur Substantive verwenden, klingt das so:
Murph is my friend. Murph is very funny. Murph tells a lot of good jokes. Murph is a great basketball player.

Dylan

Das klingt aber wirklich seltsam! MurphMurphMurph. Immer dasselbe Substantiv, das ist viel zu eintönig! Deswegen gibt es die ***Personalpronomen,*** mit denen das gleich viel besser klingt:
Murph is my friend. He is very funny and tells a lot of good jokes. He is a great basketball player.

Murph

Es gibt aber schon noch andere Pronomen, oder? Sonst ist das ja gar nicht kompliziert genug. ☺

Doc

Jede Menge sogar. Es gibt z. B. noch ***Possessivpronomen,*** mit denen du feststellen kannst, wem eine bestimmte Sache gehört. Dann gibt es ***Demonstrativpronomen,*** mit deren Hilfe du auf bestimmte Sachen oder Personen hindeutest.

Eezy

Bestimmt gibt es auch noch mehr. Aber zum Glück müssen wir erst mal nur die kennen, die Doc genannt hat. Vielleicht verwirrt dich das mit den Pronomen auch noch etwas, Murph, weil viele Leute sie gar nicht Pronomen nennen, sondern **Fürwörter.**

Murph

Das habe ich schon mal gehört! Unser Lehrer meinte, dass wir hier auch an „*he, she, it* – das ‚s' muss mit" denken müssen. Sagt er das, weil das auch für die Substantive gilt, für die *he, she, it* stehen?

Doc

Bingo! Es heißt ***He eats*** *an apple*, aber natürlich auch ***Frank*** *eats an apple*. Das darfst du bei der *he, she, it*-Regel nie vergessen: Die **Personalpronomen** stehen **stellvertretend für das Substantiv.**

Eezy

Das vergessen wirklich viele. Unsere Lehrerin behauptet, das sei der häufigste Fehler im Englischen, weil man zwei Dinge ganz leicht vergessen kann: In dem Satz *"The soup smells nice."* kann man 1. vergessen, dass *The soup* durch das Personalpronomen *It* ersetzt werden kann und dass daher 2. ein *-s* an das Verb angehängt werden muss.

Dylan

O.k.! Aber sagt mal, wann genau verwende ich denn nun *he* bzw. *she*, und wann *it*? Wie ist das zum Beispiel bei Tieren?

Eezy

He und *she* nimmst du natürlich für Personen. Manchmal auch für Tiere, wenn sie z. B. Namen haben. Also z. B. Haustiere, die dir wichtig sind. Bei allen anderen Tieren und bei Gegenständen benutzt du *it*.

Lea is great. ***She*** *is my best friend in the world.*
Look at that elephant! ***It*** *is such a big animal.*

Murph

Kapiert! Ich hab aber noch eine Frage: Wir haben im Unterricht gelernt, es gibt einen Unterschied zwischen Subjektform und Objektform. Was genau ist das?

Doc

Ganz einfach: ***Personalpronomen können in der Subjektform oder in der Objektform vorkommen.*** Die Subjektform erfragst du im Deutschen mit „wer?", die Objektform mit „wem?" oder „wen?".

Dylan

Die **Subjektformen** sind *I, you, he / she / it, we, you, they*. Die **Objektformen** lauten *me, you, him / her / it, us, you, them:*

We*'re a great team. I am happy to be on* ***it.***
Let ***me*** *help* ***her*** *with the homework.*

1 **Ordne die Substantive in die Tabelle ein. Alle Personalpronomen stehen hier in der Subjektform („wer?").**

giraffe	my brother and I	sister
my family and I	John and Kathleen	spider
the teachers	Kathleen	boy
grandfather	John	girl
my team and I	the flowers	table

HE	SHE	IT	WE	THEY
		giraffe		

2 **Ordne die Substantive in die Tabelle ein. Hier stehen alle Personalpronomen in der Objektform („wem?", „wen?").**

the family	Tia and I	Tia
football	Tom	Bob
Tom and I	John and Kathleen	ring
the Millers	father	Sara
Nina the cat	my class and I	snake

HIM	HER	IT	US	THEM

3 **Ersetze die unterstrichenen Substantive durch Personalpronomen in der Subjektform.**

Mrs Schulz is reading a book. → She is reading a book.

The team wins the cup. → ______ wins the cup.

Sue and Jane are preparing a nice lunch. → ______ are preparing a nice lunch.

The crocodile is a very, very dangerous animal. → ______ is a very, very dangerous animal.

Tom and I are doing our homework together. → ______ are doing our homework together.

Melissa is singing a really beautiful song. → ______ is singing a really beautiful song.

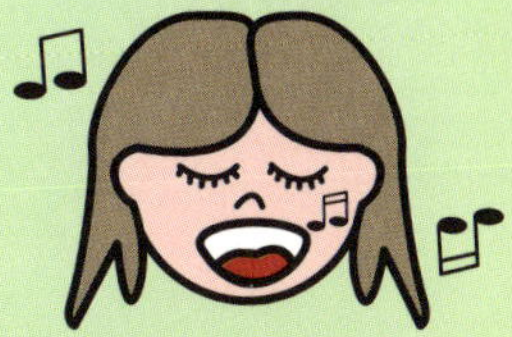

4 **Ersetze die unterstrichenen Substantive durch Personalpronomen in der Objektform.**

Mrs Schulz asks Sue to read. → Mrs Schulz asks her to read.

Can you help Jane and me? → Can you help ______ ?

Today, Chelsea will win the match against Arsenal! → Today, Chelsea will win the match against ______ !

Can you help Jane in the kitchen? → Can you help ______ in the kitchen?

The teacher is helping Joanna and me with the new words. → The teacher is helping ______ with the new words.

5 **Schreibe die unterstrichenen Substantive heraus und ersetze sie durch Personalpronomen aus dem Kasten.**

they – he – it – she – them – it – he – they

Big win for the football team!
Last Sunday, Thomas and Julia Kent played a fantastic match and helped our school's football team to a big win. Thomas scored a goal in the first half, so the score was 1:0. The people in the stadium applauded. Thomas' coach, Mr Miller, was very happy. For the second half, Mr Miller asked the boys and girls on the team to run even more and shoot another goal – and Julia did! Julia scored the winning 2:0, and everybody was happy!

Thomas and Julia Kent: they

Murph

Puh, ganz schön viel zu lernen für nur eine einzige Form von Pronomen. Wie ist das denn mit den anderen? Sind diese ... Possessivpronomen weniger wichtig? Oder wenigstens einfacher?

?

Eezy

Die Personalpronomen sind die Grundlage. Aber die Possessivpronomen sind schon auch wichtig. Damit kannst du nämlich sagen, wem etwas gehört. Jetzt wird es aber etwas komplizierter: Es gibt nämlich

– ***Possessivbegleiter,*** die immer mit einem Substantiv zusammen stehen, und es gibt
– ***Possessivpronomen,*** die das Substantiv ersetzen.

Das kennst du ja von den Personalpronomen.

Dylan

Ach, das wusste ich auch noch nicht. Das ist ja ganz schön schwierig. Und wie genau lauten diese Begleiter? Und wie die Pronomen?

?

Doc

Zeit für ein Beispiel! Ist eigentlich gar nicht so schwer: Die **Possessivbegleiter** lauten ***my, your, his, her, its*** im Singular und ***our, your, their*** im Plural. Wir benutzen sie im Grunde wie im Deutschen. „Das ist dein Buch" heißt im Englischen *This is **your** book.*

Murph

Aha, hab ich kapiert. Und lass mich raten – wenn Possessivpronomen alleine stehen, wird aus „Das ist dein Buch" einfach „Das ist deins", also auf Englisch sicherlich *This is yours.* Stimmts?

?

Doc

Stimmt! Mit dieser Tabelle wird es ganz deutlich:

POSSESSIVBEGLEITER		POSSESSIVPRONOMEN	
SINGULAR	PLURAL	SINGULAR	PLURAL
my your his, her, its	our your their	mine yours his, hers	ours yours theirs

6 **Ergänze diese E-Mail mit den passenden Personalpronomen, mit Possessivbegleitern oder Possessivpronomen.**

Hey Camille,

how are ________ doing? ________ – Jake and I – are watching a film tonight. Do ________ want to come, too? ________ is going to be a lot of fun! Jake also wants to ask ________ best friend David to see the film with ________ tonight.

Can ________ bring ________ popcorn machine? It is ________, isn't it? I know that you and ________ sister had a big fight because she says it is ________. But I think you are right! You can give the popcorn machine to me – then it is ________ and you two don't have to fight, haha! ________ would love to have a machine like that. ________ is so cool! And ________ love popcorn, ________ tastes so yummy!

Talk to ________ later!

Jen

Murph

Hi Leute, könnt ihr mir noch mal kurz helfen: Doc hatte doch geschrieben, dass Demonstrativpronomen auf Sachen oder auf Personen deuten. Was genau hat er denn damit gemeint? 😱

Eezy

Nimm mal an, du hast mehrere Bücher vor dir liegen. Jetzt fragt dich jemand, welches davon dein liebstes Buch ist. Dann kannst du mit einem ***Demonstrativpronomen*** ausdrücken: „**Dieses** Buch ist mein liebstes." Und genauso funktioniert das im Englischen.

Dylan

Wir benutzen dafür
– ***im Singular die Pronomen this und that und***
– ***im Plural werden daraus these und those.***

Doc

Murph? Beispiele? ☺ Bitte sehr:
This *is my cat.* (= die Katze, nah)
Is ***that*** *your book?* (= das Buch, weiter entfernt)
These *shoes are too big for me.* (= die Schuhe, nah)
Those *kids over there are my best friends!* (= die Kinder, weiter entfernt)

Murph

Na ja, klingt ja noch einigermaßen einfach – aber wieso gibt es denn jeweils zwei verschiedene Pronomen für Singular und Plural? Häh!? Wann nehme ich denn welches?

Dylan

Gute Frage! Im Singular wird *this* für alles verwendet, was **nahe** bei dir ist: *Look at* ***this*** *book* ***here!*** Bei Sachen oder Personen, die **weiter weg** sind, nimmt man *that:* ***That****'s Peter* ***on the other side of the street,*** *isn't it?*

Eezy

Und im Plural machst du das ganz genauso. Das heißt, wenn sich etwas oder jemand nah bei dir befindet, nimmst du *these: Look at* ***these*** *books* ***here!*** Bei größeren Entfernungen benutzen wir im Plural *those: Are* ***those*** *Peter and Tom* ***on the other side of the street?*** Gar nicht so schwer, oder? ☺

7 **Übersetze diese Sätze ins Englische und verwende dabei die richtigen Demonstrativpronomen. Die Wörter in Klammern musst du nicht übersetzen, sie sollen dir nur bei der Lösung helfen.**

Das [hier] ist mein bester Freund / meine beste Freundin.

Ist das [dort] dein Hund?

Diese Autos [dort] auf der Straße sind zu schnell.

Diese Computerspiele [hier] sind richtig gut!

8 **Übersetze diese Sätze, in denen unterschiedliche Arten von Pronomen vorkommen.**

Das [dort] ist mein Vater.

Er guckt gerade seine Lieblingsfernsehsendung.

Das [hier] ist meine Mutter.

7 PREPOSITIONS

BEISPIEL

Look ***at*** *your English test only.*
Kim sits ***next to*** *Jenny, and Bob sits* ***near*** *Simon.*
Mrs Smith is walking ***into*** *the room* ***at*** *7 o'clock and then takes a seat* ***at*** *her table.*

VERWENDUNG

Wir nutzen Präpositionen, um auszudrücken, wie **zwei Dinge oder Personen miteinander im Verhältnis stehen.** Sie haben dabei unterschiedliche Funktionen: Manche helfen dir, etwas über die Uhrzeit zu erfahren, andere beschreiben einen bestimmten Ort oder eine Handlung näher.

WIEDERHOLEN

Damit sollten wir uns jetzt schon auskennen:
- Mit Verben, Substantiven, Artikeln und Pronomen
- Mit verschiedenen Zeitformen, besonders mit dem Präsens

Murph

Heute war Englisch cool! Anstatt uns ständig komplizierte Grammatikregeln beizubringen, hat unser Lehrer gleich gesagt, dass wir bei der neuen Lektion vor allem auswendig lernen müssen. Auch nicht so toll, aber das kann ich immerhin!

Eezy

Ach nee, dann habt ihr bestimmt auch die *Präpositionen* besprochen! Stimmt, die müssen wir tatsächlich auswendig lernen – anders funktioniert es nicht. Aber ein paar allgemeine Dinge kannst du dir trotzdem einprägen, was die Regeln und die Verwendung betrifft.

Murph

Also gibt es nun Regeln oder gibt es keine? Ich hätte ja nichts dagegen, wenn es ausnahmsweise mal keine gibt. 😉

Doc

Natürlich gibt es Regeln, es gibt immer Regeln! Als Erstes kannst du dir mal merken, welche Präpositionen es überhaupt gibt:

1. *Präpositionen der Zeit* – ***prepositions of time,*** z. B. *Our teacher is always* ***on*** *time, he's never late.*
2. *Präpositionen des Ortes* – ***prepositions of place,*** z. B. *Anna is standing* ***behind*** *Jennifer and* ***between*** *Kara and Robert.*
3. *Präpositionen der Richtung* – ***prepositions of movement,*** z. B. *Mrs Swift walked* ***into*** *the room at 9 o'clock.*

Ha, und im letzten Beispiel habe ich neben einer Präposition der Richtung *(into)* noch eine der Zeit *(at)* eingebaut! 🤓

Dylan

Unsere Lehrerin meinte auch, dass man sich zuerst die Arten von Präpositionen merken und dazu dann die richtigen auswendig lernen muss. Aber es gibt eben trotzdem ein paar Regeln zu beachten.

Murph

Gibt es denn Regeln für die Verwendung von Präpositionen? So was wie: In Fall a) benutze ich die und die Präposition und in Fall b) eine andere?

Dylan

Solche Regeln gibt es schon, aber es sind eher eine ganze Menge kleiner, einzelner Regeln. Das heißt, du musst die auch auswendig lernen, sorry. Leider gibt es keine allgemeingültigen Regeln.

Doc

Halb so wild, das schaffen wir locker! Fangen wir doch mal mit den **Präpositionen der Zeit** an.
Ihr wisst doch sicher, für was wir überhaupt Zeitangaben brauchen?

?

Murph

Doc stellt immer voll die Lehrerfragen. ☺ Also, ich versuchs mal: Zeitangaben brauchen wir für Uhrzeiten, Wochentage, Monate und für Jahre. Und natürlich für die Ferientage, die wichtigsten Tage des Jahres!

Doc

Da siehst du mal, ist gar nicht so schwierig! Dafür poste ich euch jetzt noch eine Tabelle zu ***at*** (um, zu), ***on*** (am, an), ***in*** (im), ***during*** (während), ***from … until*** (von … bis), ***by*** (von, bei, durch), ***for*** (für, zu).

AT	ON	IN	ANDERE PRÄPOSITIONEN: DURING, FROM … UNTIL, BY, FOR
bei Uhrzeiten und anderen exakten Zeitangaben und Feiertagen	bei Wochentagen und Datumsangaben	bei Monaten, Jahren und bestimmten Tageszeiten	bei sehr verschiedenen Gelegenheiten = auswendig lernen!
*John entered the room **at** 7:15. We always eat lamb **at** Easter.*	***On** Tuesday, I always play football – but not **on** Wednesday!*	***In** 2001, there was a terrible disaster **in** September.*	*Natalia did her homework **for** the next day **at** school.*

Murph

Super! Damit kann ich jetzt erst mal die Präpositionen der Zeit ein bisschen üben und meinen Lehrer in der nächsten Stunde beeindrucken. 😉

1 **Ordne die Wörter dieser Sätze in die richtigen Spalten ein.**

Carl watches a show on TV.
On Saturday, he reads a book for breakfast.
Sally is playing under the sofa in her room.
Pete and Julie are walking into their classroom.
Mr Parker has chicken for breakfast, a salad for lunch, a steak for dinner.
Our team is winning the World Cup in 2018.
Nora works, listens to music, plays, eats in her room.
Meghan loves her books, her CDs and the house she lives in.

SUBSTANTIVE	ARTIKEL	VERBEN	PRONOMEN	PRÄPOS.
Carl show TV	a	watches		on

2 Ernie telefoniert mit Bert. Setze die Präpositionen der Zeit an den richtigen Stellen ein.

at – on – in – before – at – on – until – during – on – at

Ernie: Hey Bert, how are you?

Bert: Hey, Ernie, I'm good. Are you coming to my birthday party ______ Friday?

Ernie: Of course! Maybe I can come ______ the party, not ______ 8 but ______ 6 or 7, and help you with some things?

Bert: Thank you, that's a great idea! Then we can really have fun ______ the party!

Ernie: Cool. And then we can sleep ______ 10 ______ Saturday, right?

Bert: Yes, we can. But we have to go to football practice ______ 11!

Ernie: I don't know – the last match we won was ______ October. That's a long time ago!

Bert: I know, but ______ February 12th, we have our next match, and this time we will win!

Ernie: I hope you're right, Bert!

Bert: Bye Ernie!

Ernie: Bye Bert!

Doc

Also, Murph, da das mit den Zeitangaben so gut geklappt hat, sind als Nächstes die **Präpositionen des Ortes** dran. Und für was alles brauchen wir Ortsangaben?

Eezy

Ich will auch mal antworten! Also: Ortsangaben brauchen wir, um genau zu bestimmen, wo sich jemand oder etwas befindet. Wenn ich z. B. ein Buch suche und meine Mutter fragt, wo ich es gefunden habe, muss ich ja sagen können ob es **auf, vor** oder **unter** meinem Bett lag!

Murph

Das heißt, es geht bei den Präpositionen des Ortes nicht darum, den Ort selbst zu benennen, sondern darum, wo ich mich in Beziehung zu einem Ort gerade befinde? Drüber, drunter, neben usw.?

Doc

Richtig! Wir nennen das ein **räumliches Verhältnis,** denn Präpositionen sind **Verhältniswörter.** Und die räumlichen Verhältnisse kannst du mit ***in*** (im), ***on*** (auf), ***at*** (bei, an, am), ***next to*** (neben), ***behind*** (hinter), ***in front of*** (vor), ***under*** (unter), ***near*** (nahe), ***above*** (über) oder ***between*** (zwischen) ausdrücken:
Murph is ***in*** *the car.*
I'm standing ***next to*** *Dylan.*
Our dog is sleeping ***under*** *the kitchen table.*

Murph

Prima, das hab ich begriffen! Nur eine Frage: *In the room, on the couch, next to Dylan* – das ist alles nicht so schwer. Aber wie genau benutze ich denn *at?*

Doc

Super Frage! Die Präposition ***at*** kommt sehr häufig vor. Wenn sie sich auf einen Ort bezieht, dann meinen wir damit einen bestimmten Punkt in einem Raum. Auf Deutsch sagen wir zum Beispiel:
„Felix steht an der Bushaltestelle."
„Frau Heinz wartet am Eingang der Schule."
Im Englischen brauchen wir hierfür *at:*
Felix is standing ***at*** *the bus stop.*
Mrs Heinz is waiting ***at*** *the school entrance.*

3 **Schau dir die Bilder an und trage die fehlenden Präpositionen des Ortes in den Sätzen ein.**

The baker is holding bread ______ her hand.

Ryan is sleeping ______ his bed.

The girls are dancing ______ the dance floor.

Bobby is standing ______ the shower.

4 **Zeichne passende Bilder zu diesen Sätzen in dein Übungsheft.**

The dog is sleeping on the couch.
The boy is throwing the basketball into the basket.
The girl is sitting at her desk.
Lisa and Jasper are dancing next to each other.

Murph

Dann fehlen uns ja jetzt von den wichtigsten Präpositionen nur noch die ***Präpositionen der Richtung,*** oder?

Eezy

Ganz genau. Im Englischen heißen die übrigens meistens ***prepositions of movement,*** aber auch ***prepositions of motion*** wird manchmal verwendet. 😎

Doc

Und die sind gar nicht so easy, Eezy. Sie beschreiben nämlich jede Art von Bewegung und wir bewegen uns ja auf so viele unterschiedliche Arten. Wir können laufen, Ski fahren, tanzen, gehen, und das vorwärts, rückwärts, rein, raus usw.:
John walked ***down*** *the stairs.*
Lilly came ***into*** *the kitchen and had lunch.*

Murph

Das heißt, die Präpositionen der Richtung müssen wir wirklich alle auswendig lernen? Gibt es da überhaupt keine Regeln mehr?

Doc

Leider nein. Man kann zwar schon sagen, dass ***into*** eine **Richtung** beschreibt und ***in*** einen **Ort** – aber es gibt so viele verschiedene Fälle, dass du sie besser auswendig lernst: ***into*** (in, hinein), ***out of*** (aus, heraus), ***over*** (über), ***under*** (unter), ***around*** (herum), ***to*** (zu), ***towards*** (an ... heran), ***through*** (durch), ***down*** (hinunter), ***up*** (hinauf) und ***back to*** (zurück).

Eezy

Oh je, hat einer von euch vielleicht noch einen Tipp, wie man sich die gut merken kann?

Dylan

Es hilft, wenn du sie übersetzt und dir überlegst, wie wir sie auf Deutsch verwenden: „Er ging die Straße **entlang**“ wird zu *He walked* ***along*** *the street.*

5 **Übersetze und benutze dafür Präpositionen der Richtung.**

Bob schießt seinen Fußball aus dem Fenster.

Die Lehrerin geht in das Klassenzimmer.

Du musst zurück in die Schule gehen.

Carrie springt über den Stuhl.

6 **Übersetze diesmal nur die Präpositionen in Klammern.**

Lukas und Jonas gehen oft ins Schwimmbad. Um dorthin zu kommen, fahren sie auf ihren Fahrrädern eine lange Straße ______ (entlang). Dann rollen sie einen Hügel ______ (hinunter). Leider müssen sie an dessen Ende wieder einen Hügel ______ (hoch)fahren. Als Nächstes fahren sie ______ (um) eine Kirche (herum). Sie fahren dann immer schneller ______ (an) das Schwimmbad (heran), weil sie sich so darauf freuen! Endlich angekommen, springen sie sofort ______ (ins) Wasser hinein und plantschen den ganzen Tag. Sie kraulen ______ (durch) das Becken und springen vom Sprungturm ______ (hinunter).

Murph

Also die Präpositionen der Richtung hab ich jetzt geübt und mir eingeprägt. Aber was ist denn mit den **anderen** Präpositionen, die es auch noch gibt? Müssen wir die jetzt schon lernen? Wir müssen ja in der Fünften noch nicht perfekt Englisch können.

Dylan

Das nicht, aber es hilft einfach, viel über die Präpositionen zu wissen, weil sie so oft vorkommen. Und weil du sie ja eh auswendig lernen musst. Wichtig ist noch ***by*** (von), womit du z. B. ausdrücken kannst, wer etwas komponiert, gesungen oder geschrieben hat:
The Harry Potter books were written **by** *J. K. Rowling.*

Doc

Ganz häufig kommen auch diese zwei vor: ***at*** und ***of.***
Of verwendest du wie einen Genitiv im Deutschen: „Das ist das Buch **des** Lehrers" wird im Englischen *This is the book* ***of*** *our teacher.* Man kann es auch mit „von" übersetzen. „Das ist das Buch **von** unserem Lehrer" oder „Das ist nett **von** dir" heißt dann *This is nice* ***of*** *you.*
Du darfst das nicht mit ***off*** verwechseln. Das verwendest du z. B., wenn jemand aus einem Transportmittel aussteigt: *Murph got* ***off*** *the bus.*

Murph

Aber was ist denn mit *at*? Das kann ich ja als Präposition der Zeit und des Ortes nehmen. Und jetzt sagst du, *at* benutzt man auch sonst noch?

Eezy

Das stimmt, deswegen ist es auch so wichtig. *At* verwenden wir nämlich auch noch bei **Altersangaben:**
She started skiing ***at*** *15.* (Sie fing **mit** 15 mit dem Skifahren an.).
Und die Verwendungen kennst du ja schon:
John was standing ***at*** *the door.* (**an** der Tür)
At *the weekend, we go out.* (**am** Wochenende)
I often get scared ***at*** *night.* (**in** der Nacht)
Keine Sorge, Murph! Übung macht den Präpositionen-Meister.

7 **Schreibe die Präpositionen heraus und bestimme, ob es sich um eine Präposition des Ortes, der Zeit, der Richtung oder um eine andere handelt.**

Jenny, Benny, and Sunny are jumping into the swimming pool.

Is that the house of the Smithson family?

The mouse is eating cheese under the bed.

We're going to watch a movie at 7pm tonight.

8 **Setze die passenden Präpositionen ein.**

Jenna is waiting ______ the tennis court.

______ 1999, Mr and Mrs Jacobsen got married.

Wait! I have to get ______ the bus!

Bobby kicked the ball, and it flew right ______ me.

Where is Francesca? Oh, she's ______ her room, doing her homework.

There are so many things ______ my desk, I can't find anything!

8 WORD ORDER

BEISPIEL

We are writing a test.
We are writing the test in the classroom at 8 o'clock.
We sometimes write a vocabulary test in English – but not very often.

VERWENDUNG

Die richtige Anordnung von Wörtern in einem Satz ist, wie in allen Sprachen, sehr wichtig. Die entscheidende Regel dabei lautet, dass das Subjekt an erster, das Verb an zweiter und das Objekt an dritter Stelle steht.

WIEDERHOLEN

Damit sollten wir uns jetzt schon auskennen:
– mit den Zeitformen
– mit Substantiven und Pronomen, die für Substantive stehen können

Murph

Jetzt können wir schon so viel Englisch, aber mit den Sätzen tue ich mich immer noch schwer. Für die letzte Klassenarbeit habe ich echt viel gelernt, aber dann habe ich ständig Satzteile durcheinandergewürfelt.

Dylan

Mit Sätzen kenne ich mich aus! Erst mal musst du wissen, was es für **Satztypen** gibt, also was für bestimmte Arten von Sätzen. Dann schauen wir uns genau an, wie die aufgebaut sind, o. k.?

Doc

Guter Vorschlag! Das ist nämlich etwas, worüber sich viele keine Gedanken machen, dabei gibt es aber völlig unterschiedliche Satztypen. Es gibt den **Aussagesatz,** mit dem du eine Feststellung machst, zum Beispiel:
Dylan is an English champ.

Dylan

Korrekte Aussage! Den **Aussagesatz** kannst du auch **verneinen,** etwa so:
*Doc **isn't** an English champ.*
Und du kannst einen **Nebensatz** dranhängen:
*Doc isn't an English champ, **because he doesn't do his homework.***

Murph

Haha, als ob! Und sind Fragen denn auch Sätze? Ich bin da etwas verwirrt, *Murph isn't an English champ.*

Doc

Na klar sind Fragen auch Sätze! Typische **Fragesätze** für den Unterricht sind zum Beispiel:
What page are we on? (Auf welcher Seite sind wir?)
What's "Tafel" in English, please? (Was heißt Tafel auf Englisch?)

Eezy

Das waren grad ganz normale Fragesätze. Dazu kommen aber auch noch die **Entscheidungsfragen,** auf die du mit „Ja" oder „Nein" antworten kannst, mit den dazugehörigen **Kurzantworten:**
Can you open the window, please? No, I can't.

1 **Aussagesatz, Fragesatz, Entscheidungsfrage, Kurzantwort: Notiere, um welchen Satztyp es sich jeweils handelt. Ist der Aussagesatz verneint? Gibt es Nebensätze?**

In the summer, Rhonda and her family move to the USA.

Aussagesatz

She is very happy, because she loves adventures.

But she is also sad, because she leaves her friends in England.

Will she be happy without them?

Yes, she will!

That's what her father says when she talks to him.

No, she won't.

That's what her best friend Lynn tells her on the phone.

Why does everything have to change?

2 **Schau dir die Bilder an und denk dir eine kurze Geschichte dazu aus. Verwende die vorgegebenen Satztypen.**

Aussagesatz:

The Millers are having soup for lunch ...

Aussagesatz:

Entscheidungsfrage:

Kurzantwort:

Verneinter Aussagesatz:

Aussagesatz:

Aussagesatz:

Murph

Gut, die Satztypen sind mir so weit klar. Die gibt es ja auch im Deutschen. Was mir nicht klar ist: Wie ist ein typischer englischer Satz aufgebaut? Da mache ich nämlich ständig Fehler.

Dylan

Da können wir dir bestimmt helfen! Ein typischer englischer Satz ist nämlich immer gleich aufgebaut. Merk dir einfach: ***subject – verb – object.*** Erst das Subjekt, dann das Verb, dann das Objekt. Die sind da sehr streng, die Briten, aber dafür klappt es auch. ☺

Murph

Subject – verb – object? Das ist alles? Und wieso sagt mir das keiner? ☹

Eezy

Du hast aber einen komischen Lehrer, wenn der euch das nicht sagt. Vielleicht hast du da grad nicht hingehört. Also: Englische Sätze haben ganz klare Regeln, das ist also viel einfacher zu lernen als z. B. Präpositionen. Jetzt brauchst du nur noch ein paar Beispiele, nicht wahr?

Doc

Hat jemand gerufen? ☺ Ich habe mir was Schlaues ausgedacht! Die folgenden Beispiele sind schon in unseren Chats vorgekommen. Und bei allen siehst du, dass erst das Subjekt, dann das Verb und dann das Objekt steht. Los gehts!

subject	**→ *verb***	**→ *object***
Jenny	*is watching*	*TV.*
English	*is*	*easy!*
The boy	*cleaned*	*the bathroom.*
We	*'re*	*a great team!*

Murph

Einfach! Aber sag mal, ist das nicht ein bisschen zu einfach? Ich kann ja nicht nur Sätze bilden, in denen ein Subjekt, ein Verb und ein Objekt vorkommen. Was ist mit zwei Objekten? Und gibts nicht noch andere Satzteile, wo kommen die hin?

Dylan

Machen wir doch noch ein Beispiel, dann wirst du es merken: *The boy cleaned the bathroom* ***and the kitchen.*** **Weitere Satzteile hängst du nämlich einfach hinten an,** ansonsten würde das ziemlich komisch klingen. ☺ *The boy and the kitchen cleaned the bathroom* ergibt ja überhaupt keinen Sinn, oder?

Murph

Ah, na das kapier ich! Aber das war ja ein Aussagesatz. Wie ist denn das z. B. bei den verneinten Aussagesätzen?

?

Doc

Das ist fast gleich! Du musst nur zusätzlich ein Hilfsverb einbauen, das vor dem Vollverb steht und verneint wird:
The boy ***does not*** *clean the bathroom.*
Auch bei den **verneinten Aussagesätzen werden weitere Satzteile einfach angehängt:**
The boy does not clean the bathroom ***or the kitchen.***

Murph

Muss ich *does not* denn ausschreiben? Ich dachte immer, wir sollten eher die Kurzformen verwenden?

?

Eezy

Kommt ganz drauf an. Beim geschriebenen Englisch bleib besser bei den Langformen, und wenn du mit jemandem sprichst, dann benutz die Kurzformen.

Doc

In manchen Sätzen kommen zwei Objekte vor:
– ein *indirektes Objekt* und
– ein *direktes Objekt.*
Das indirekte Objekt steht zuerst und bezieht sich auf die Person oder den Gegenstand, die das direkte Objekt erhält:
George gave ***me*** (indirektes Objekt) *a* ***CD*** (direktes Objekt).
Nach dem indirekten Objekt kann man mit „wem?", nach dem direkten Objekt mit „wen?" oder „was?" fragen.

3 **Bringe die Satzteile in die richtige Reihenfolge.**

Mia / her homework / is doing

is not / a test / writing / The class

is / Chess / a great game

gave / him / a fantastic book / Mr Evans

Charlie and Bobby / pancakes / are eating / for breakfast

the trophy / The team / is winning

him / bought / His father / new shoes

in the garden / Caroline and Annabelle / are playing

in the kitchen / We / cookies / are baking / and a cake

4 **Ergänze einen passenden Satzteil, also Subjekt, Verb oder Objekt.**

Mrs Truman is sleeping ______ .

______ are not washing the dishes.

Paula gave ______ a wonderful present for her birthday.

The dancers ______ on the disco floor.

We are not having ______ this weekend.

His mother ______ him a new computer game for Christmas.

______ are not swimming in the pool.

5 **Wandle diese Aussagesätze in verneinte Aussagesätze um.**

The children are playing games in the yard.

______

The girl is looking at a dress.

______

John is taking a bath.

______

Cathleen and Nelly are standing next to Tim.

______

6 **Setze die direkten und indirekten Objekte in der richtigen Reihenfolge im Satz ein.**

Paul's grandmother showed

(the stamp collection / him).

Miriam and Claudette gave

(Jim / a beautiful present).

Mr Hudson made

(breakfast / his wife).

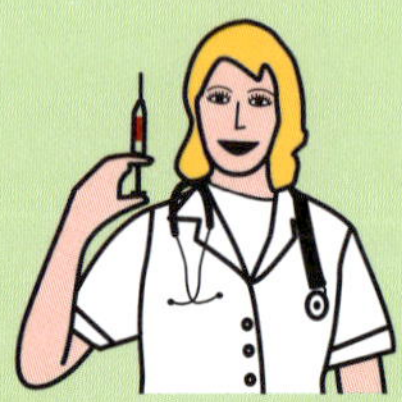

Katherine's parents promised

(her / ice cream) after the doctor's visit.

Sheena told (him / the good news) in the evening.

Mrs Hudson sent

(to camp / her son) during the summer holidays.

My grandparents promised

(a box of chocolates / me) after dinner.

Murph

Hey Team! Seid ihr da? Ich komme manchmal noch durcheinander, wenn zusätzlich zum Objekt noch andere Satzteile dastehen. Vor allem verdrehe ich oft ***Zeitangaben*** und ***Ortsangaben.*** Regel?

Doc

Ja, zum Glück gibt es da eine Regel! Zuerst sollten wir genau wissen, was Zeitangaben und Ortsangaben eigentlich sind, oder? Sie heißen ***adverbial phrases of time*** bzw. ***adverbial phrases of place*** und stehen natürlich hinter dem Verb am Ende eines Satzes – sonst wäre ja die Regel *subject – verb – object* nicht beachtet!

Eezy

Nach der **Zeitangabe** kannst du mit „wann?“ fragen. Sie gibt einen Zeitpunkt oder einen Zeitraum an:
Grandma is cooking ***at 12 o'clock.***
Eine **Ortsangabe** erfragst du mit „wo?“ oder “wohin?“. Sie gibt einen bestimmten Ort oder eine Richtung an:
Grandma is cooking ***in the kitchen.***

Murph

Aber jetzt weiß ich leider immer noch nicht, was passiert, wenn sowohl Zeitangabe als auch Ortsangabe in einem Satz stehen.

Eezy

Die Regel dazu ist ganz einfach: ***place before time.***
Wenn ein Satz mehrere Angaben zu Ort und Zeit enthält, musst du immer erst die Ortsangabe und dann die Zeitangabe nennen.

Murph

Das klingt ja zu schön, um wahr zu sein! Ihr habt doch bestimmt ein paar saftige Ausnahmen für mich parat, oder?

Doc

Stell dir vor: keine Ausnahmen! Stattdessen kann ich dich mit ein paar Beispielen begeistern. ☺
Grandma is cooking ***in the kitchen at 12 o'clock.***
Murph is sleeping ***in his bed at midnight.***
Na dann, Murph, süße Träume. 😉

7 **Bilde insgesamt acht Sätze, die alle eine korrekte Abfolge von Zeitangabe und Ortsangabe beinhalten. Achte darauf, welche Wortarten du für jeden Satz brauchst. Du kannst auch in dein Übungsheft schreiben.**

a book – often hunt – at Snape's office – this year – Hermione – at 7:30 in the morning – in Wales – always has a cup of tea – to the beach – in the castle – is going – today – Ron – Harry – The Weasleys – never walks – in the kitchen – at night – in her bedroom – tomorrow – has to do homework – are on holiday – wants to play Quidditch – Bella – The vampires – is reading – on Sundays – through the forest – on the field – Mrs Potter – Edward – at night – before lunch

1.

2.

3.

4.

5.

6.

7.

8.

Murph

Hi Leute! Sagt mal, wie ist das mit anderen Satzteilen? Wir haben doch beim *simple present* gelernt, dass Wörter wie *sometimes, always* oder *never* Signalwörter sind. Die stehen da aber nicht brav am Ende des Satzes, sondern an zweiter Stelle, oder? Was ist denn nun richtig?

Eezy

Du hast recht: Die stehen an zweiter Stelle, das ist also mal wieder so eine Art Ausnahme. Das liegt daran, dass diese Wörter ***Häufigkeitsadverbien*** bzw. ***adverbs of frequency*** sind. Die zeigen dir, wie oft oder selten etwas geschieht.

Murph

Hm, und welche Häufigkeitsadverbien gibt es? Und stehen die immer an zweiter Stelle im Satz oder können die auch woanders stehen?

Eezy

Es gibt nicht besonders viele davon, aber du musst sie dir einprägen, denn sie kommen häufig vor: ***often*** (oft), ***sometimes*** (manchmal), ***always*** (immer), ***never*** (nie), ***normally*** (normalerweise) und ***usually*** (gewöhnlich). Es gibt wohl noch ein paar mehr, aber die habe ich noch nicht gelernt.

Doc

Diese *adverbs of frequency* stehen meistens an zweiter Stelle im Satz, so wie hier:
Thimothy ***sometimes*** *eats chocolate for dinner.*
Manchmal können einzelne dieser Adverbien auch am Anfang oder am Ende des Satzes stehen, das ist aber wirklich selten der Fall.

Murph

Das heißt, ich muss mir vor allem merken, das Häufigkeitsadverb vor die Zeit- und Ortsangabe zu setzen?

Doc

Genau! Dann machst du bestimmt nur noch ganz wenige oder gar keine Fehler mehr mit der Satzstellung, wenn du dir das gemerkt hast! ☺

8 **Schreibe diese Sätze um und setze dazu die Häufigkeitsadverbien an die richtige Stelle im Satz.**

He watches TV on Sundays. (often)

They do their homework at night. (never)

Mr and Mrs Paulson sleep for 30 minutes after lunch. (always)

The kids go to the beach when it's warm. (usually)

Becky, Anna, Cheryl and Lynn have a party. (sometimes)

9 **Übersetze diese Sätze. Achte dabei auf die richtige Stellung der Häufigkeitsadverbien im Satz.**

Peter spielt manchmal Volleyball am Strand.

Julia isst oft Käse zum Frühstück.

Die Zwillinge helfen ihrer Mutter immer in der Küche.

Murph

Toll, jetzt kann ich die Zeiten, die Wortarten und nun auch Sätze bilden – da kann ja nicht mehr viel fehlen. ☺ Oder haben wir noch was ausgelassen?

Eezy

Sitzen bleiben! Weitermachen! Also genau diese Art von Wörtern sollten wir nicht vergessen, denn sie bilden ihre ganz eigene Satzform: den Imperativ.

Doc

Eezy hat recht! Der ***Imperativ*** *(imperative)* wird auch Befehlsform genannt. Und die ist sogar richtig wichtig, denn damit kannst du jemandem einen Befehl geben, eine Aufforderung oder Bitte ausdrücken oder auch eine Einladung aussprechen.

Murph

Und wie bildet man einen Imperativ im Englischen? Auf Deutsch ist das ja manchmal recht kompliziert, kriegen die Engländer das einfacher hin?

Eezy

Klar, die nehmen dafür **einfach nur den Infinitiv:**
Listen. (Hör / Hört zu.)
Stand up. (Steh / Steht auf.)
Und auch die **Verneinung** ist dann ganz einfach, du stellst *do not* oder *don't* vor den Imperativ – und fertig!
Don't get up. (Steh / Steht nicht auf.)
Don't cry. (Wein / Weint nicht.)

Murph

Kann ich denn den Imperativ auch benutzen, wenn ich mich selbst auch meine? Eine Aufforderung, die also quasi an mich und an euch gleichzeitig gerichtet ist?

Doc

Das kannst du! Du musst dann einfach vor den Imperativ ***let's*** oder ***let us*** setzen:
Let's *go to the movies!* (Lasst uns in Kino gehen!)

10 **Schreibe Sätze mit Imperativ zu den Bildern. Die deutschen Anweisungen sollen dir dabei helfen.**

Sage, dass im Unterricht nicht geschrien werden soll.

Sage, dass deine Haare nicht zu kurz geschnitten werden sollen.

Schlage deinen Freunden vor, ein Eis essen zu gehen.

Sage, dass das Mädchen nicht den Fernseher anschalten soll.

Schlage deinen Freunden vor, Eislaufen zu gehen.

11 **Hier sind mehrere Schwierigkeiten der *word order* (Satzstellung) kombiniert. Bilde Sätze, in denen die jeweiligen Vorgaben erfüllt sind. Schreibe bei Bedarf in dein Übungsheft.**

Bilde einen Satz mit verneintem Imperativ und einer Zeitangabe.
Mögliche Antwort:

Don't go to the movies after 10 o'clock!

1. Bilde einen Satz mit einem Imperativ, in dem du jemanden aufforderst, etwas zu tun.

2. Bilde einen Satz mit einem verneinten Imperativ.

3. Bilde einen Satz mit einem Imperativ, einer Zeit- und einer Ortsangabe in der richtigen Reihenfolge.

4. Bilde einen Aussagesatz mit einer Zeit- und einer Ortsangabe in der richtigen Reihenfolge.

5. Bilde einen Aussagesatz mit einer Zeitangabe und dazu einen Nebensatz mit einer Ortsangabe.

6. Bilde einen Aussagesatz mit zwei Häufigkeitsadverbien und einer Zeitangabe.

9 QUESTIONS

Fragewörter → 109
Entscheidungsfragen mit *to be* und *to do* → 113
Kurzantworten → 113

BEISPIEL

Who is your English teacher?
Where is my exercise book?
What are you doing this weekend?
Why do birds fly?
How are you, Dylan?

VERWENDUNG

In jeder Sprache stellen wir Fragen, um an wichtige Informationen zu kommen. Im Englischen gibt es eine Reihe von **Fragewörtern,** die man sich gut einprägen kann und mit denen du viele verschiedene Arten von Fragen stellen kannst. Das sind z. B. *who? what? where?* oder *why?*

WIEDERHOLEN

Damit sollten wir uns jetzt schon auskennen:

- mit der Bildung von Sätzen und der richtigen Satzstellung
- mit den verschiedenen Zeitformen – denn die sind immer wichtig!

Dylan

Team? Vielleicht fahre ich in den Ferien zu meinen Cousins nach New York! Ich hab aber ehrlich gesagt etwas Bammel, ob ich mich schon gut verständigen kann. Ich muss ja vor allem viele *Fragen* stellen können und die haben wir ja noch gar nicht so richtig besprochen. Ihr könnt mir da doch sicher helfen!

Doc

Krass, New York! Da würde ich auch gerne mal hin. Zuerst mal solltest du die wichtigsten *Fragewörter* kennen. Manchmal reicht ein einziges Wort ja schon aus, wenn du was nachfragen möchtest. Pass auf, ich hab hier eine Übersicht für dich:

FRAGEWÖRTER	BEISPIELFRAGEN
who? (wer)	Who is the new boy in class?
what? (was)	What are you eating for lunch?
where? (wo)	Where is the school?
when? (wann)	When does the first lesson begin?
why? (warum	Why do I have to eat vegetables?
how? (wie)	How are you doing?
whose? (wessen)	Whose book is that?
which? (welche, welcher, welches)	Which song do you like best?

Eezy

Du solltest dir gut merken, was die Fragewörter im Deutschen heißen. Gerade ***who*** (wer) und ***where*** (wo) werden häufig verwechselt, weil sie im Englischen gerade umgekehrt heißen, wie du es vielleicht vermuten würdest!

Doc

Einen *Fragesatz* kannst du aber nicht nur mit Fragewörtern bilden. Du kannst auch eine **Form von *to be*,** also ***am, is*** oder ***are,*** an den Anfang des Satzes stellen. Aber ich würde sagen, dazu kommen wir etwas später – versuchs doch erst mal mit den Fragewörtern, Dylan.

Dylan

Das mach ich, danke! 😃 Ich bin schon voll aufgeregt – wäre doch gelacht, wenn ich meine Cousins nicht mit Fragen löchern könnte. 😎

1 **Setze die passenden Fragewörter in diese Fragesätze ein. Die Antworten helfen dir dabei. Denk daran, dass man am Satzanfang großschreibt.**

who? – what? – where? – why? – when? – how? – how long? – whose? – which? – why? – where? – how?

______ is the man doing?

He is listening to music.

______ do we have to sit here?

For one more lesson.

______ does the concert begin? At 8 o'clock.

______ do we have to do this? Because it's important to learn the new vocabulary.

______ is Sita? She's hiding under the bed!

______ is it so cold? Because the window is open.

______ are you, John? Thanks, I'm doing fine.

______ dog is that? It is Lilly's dog Sam.

______ book is your favourite? My favourite book is Lord of the Rings.

______ is on the woman's arm? It is her baby.

______ is Robert? He's in the garden.

______ old are you? I'm twelve years old.

2 **Stelle zu jedem dieser Sätze eine passende Frage, in der du jeweils nach den blau markierten Wörtern fragst.**

Peter likes movies.

What does Peter like?

Angela is writing a letter.

Jacob and Ranjid are sitting on the bus.

The hockey game starts at 9 o'clock.

The church is on Baker Street.

You have to do your homework again because it is too short.

The Justin Beeper concert is two hours long.

This is the new car of Mr. Miller.

3 **Bilde sinnvolle Fragen, indem du hier jeweils zwei Satzteile kombinierst. Schreibe deine Fragen hier auf oder in dein Heft.**

1. FRAGETEIL	2. FRAGETEIL
How long do	going on holiday this year?
What is your	Susan go?
Why are you	on the other side of the street?
When can I	is parked in front of our house?
Where are they	"danke" in English?
Who is that pretty girl	we have to wait?
Whose car	have my CD back?
Which way did	sister's favourite food?
How do you say	wearing a hat in summer?

Murph

So, hab mal gelesen, was ihr da zu den Fragewörtern geschrieben habt. So weit alles klar. Ihr habt aber noch andere Arten von Fragen erwähnt, wo ich gar keine Fragewörter benutze. Aaah! Was sind das für Fragen? Und wie stelle ich die?

?

Dylan

Hi there, Murph! Also beim *present progressive* z. B. haben wir doch gelernt, dass die Satzstellung dafür einfach gedreht wird. Am Anfang steht ein **Hilfsverb,** dann erst das **Subjekt** und dann das **Vollverb.** So:

Aussagesatz: *Jenny is watching TV.* (S–V–O)

Frage: *Is Jenny watching TV?* (HV–S–V–O)

Doc

Manchmal gibt es kein Hilfsverb, das ist aber auch kein Problem. Da nimmt man einfach das Verb **to do.** Auch damit lassen sich ganz viele Fragen bilden. Aber pass auf, denn aus *to do* wird in der 3. Person *does!* Ein paar Beispiele gefällig?

Aussagesatz: *Jenny's mother works at a bank.*

Frage: *Does Jenny's mother work at a bank?*

Aussagesatz: *Thomas and Rick like chocolate more than crisps.*

Frage: *Do Thomas and Rick like chocolate more than crisps?*

Eezy

Auf deine Fragen, Doc, kann ich doch aber auch einfach mit ***yes*** oder ***no*** antworten, oder? Das sind doch dann diese **Entscheidungsfragen,** da reicht doch eine kurze Antwort.

?

Doc

Vorsicht! Die Engländer sind doch ein sehr höfliches Volk, wie wir alle wissen. Die sagen zu allem *please* und *thank you*. Deshalb ist es auch bei Entscheidungsfragen wichtig, nicht nur *yes* oder *no* zu sagen, sondern eine **Kurzantwort** zu benutzen! Das funktioniert dann so:

Frage: *Is Mrs Farmington a good teacher?*

Kurzantwort: *No, she isn't.*

Frage: *Are Murph, Dylan, Eezy and Doc the coolest kids on the internet?*

Kurzantwort: *Yes, they are!* ☺

4 **Bilde Entscheidungsfragen mit einer Form von *to be* oder *to do*.**

Frage jemanden, ob er die Uhrzeit kennt.

Frage jemanden, ob er das Fach Englisch mag.

Frage jemanden, ob sie die Schwester von Carl ist.

Frage jemanden, ob er Französisch spricht.

Frage jemanden, ob es draußen kalt ist.

Frage jemanden, ob er eine neu Mütze trägt.

Frage jemanden, ob er weiß, wo die Baker Straße ist.

Frage jemanden, ob er Gitarre spielt.

5 **Diese Fragen sind an dich gerichtet. Beantworte sie mit Kurzantworten.**

Are you a girl?

Are your parents from Germany?

Do you like playing football?

Do you like reading books?

Do you have brothers or sisters?

Do you play an instrument?

6 **Schreibe eine E-Mail an Sam, den du in den Ferien kennengelernt hast. Stelle ihm viele Fragen, um mehr über ihn zu erfahren, zum Beispiel über die Schule in England oder über seine Hobbys. Verwende möglichst viele der dir bekannten Fragewörter.**

Dear Sam,
it was great getting to know you in the summer holidays! I had a fun time. Now I really want to know more about you ...

7 **Bestimme, um welchen Fragentyp und um welche Zeitform es sich handelt.**

Do you like the new Justin Beeper CD?

Fragentyp: Entscheidungsfrage mit to do

Zeitform: simple present

Are you wearing my jeans again!?

Fragentyp:

Zeitform:

Was your hair dark when you were a baby?

Fragentyp:

Zeitform:

Where did your parents buy that new TV?

Fragentyp:

Zeitform:

How long does it take to learn English?

Fragentyp:

Zeitform:

1. THE PRESENT PROGRESSIVE

FORM

1 | → Seite 8

watching – swimming – going – eating – barking – running – listening – writing

2 | → Seite 8

infinitive – present progressive:
to play – playing; to write – writing; to put – putting; to swim – swimming; to clean – cleaning; to dance – dancing; to eat – eating; to come – coming; to read – reading; to take – taking; to cook – cooking; to sit – sitting

3 | → Seite 9

Today Mark has a new teacher. Mr Stephenson **is teaching** French and English. In his first lesson all the students **are listening** because he is very funny. They **are trying** to learn a lot.
In the afternoon Mark **is doing** his homework. At 4 o'clock he **is going** into the kitchen. Just then, his father **is coming** home. They **are drinking** tea together. Mark **is telling** a joke and his father **is laughing.** Later, Mark **is running** to the supermarket. He and his father want to surprise Mark's mother. They **are cooking** Spaghetti Carbonara and they **are baking** a chocolate cake for dessert.

SIGNALWÖRTER

4 | → Seite 10

Look! Mrs Michaels is cooking in the kitchen.
Dylan is playing computer games at the moment.
Jenny is watching TV now.
Listen! The girls are singing Christmas songs.
Thomas is listening to music on his MP3 player.
The boys are swimming in the pool today.

FRAGEN UND VERNEINUNGEN

5 | → Seite 13

Murph **is not / isn't listening** to his teachers.
Is Jane **playing** the violin today?
Joe **is not / isn't cleaning** the kitchen.
Are you **watching** the movie with us?
Bob and Sue **are not / aren't doing** their homework.
Are the boys **playing** football now?
Is Tobias **feeding** the cat?
No, Tobias **isn't feeding** the cat.

6 | → Seite 13

My father **isn't cooking** dinner now.
Sara and Tom **aren't dancing** together at the party.
Look! The girls **aren't sleeping!**
The class **isn't writing** a test right now.

7 | → Seite 14

Is Peter **sleeping** in his room?
Are Mr and Mrs Kent **eating** dinner in the dining room?
Is Toodle the dog **barking** at the tree?
Are Kim and Sasha **going** to the lake for a swim?

8 | → Seite 14

Hier sind viele unterschiedliche Fragen möglich. Ein paar Vorschläge:
Is Linda going to school by bus?
Is Joshua writing a class test?
Is Mr Swift relaxing at the beach?

9 | → Seite 15

Jennifer: Hi, Amy. **Are you going** to Linda's party this afternoon?
Amy: Yes, I**'m going** a little later this afternoon. I**'m helping** my mother in the kitchen right now.
Jennifer: **Is** Peter **coming** to the party?
Amy: No, he isn't. He**'s playing** football now, and he doesn't want to go to a party later.
Jennifer: And **is** Lizzy **coming** to the party?
Amy: No, she isn't. She **is visiting** her grandparents.
Jennifer: Listen! My father **is calling** me for lunch. I have to go.
Amy: I**'m not eating** lunch today. I**'m waiting** for the party.

2. THE SIMPLE PRESENT

FORM

1 | → Seite 19
John often walk**s** to work.
Sarah always take**s** the bus home.
I sometimes ride my bike to school.
We plan to have a big party on Friday!
They think John is so cool: He play**s** his guitar every day.
Doc always know**s** the right answer.
You want to play the piano every day – that's too much!
The banana smell**s** funny.

2 | → Seite 19
He / She / It sometimes likes to eat ice cream.
I always do my homework in the afternoon.
He / She / It usually walks home after school.
He / She / It never chews gum during the lessons.
We / You / They often win matches against other football clubs.
I / You / We / They sometimes sleep late on Sundays.
She never makes mistakes on her tests.
It often barks at the neighbour's cat.

SIGNALWÖRTER

3 | → Seite 19
sometimes, always, usually, never, often

SIMPLE PRESENT UND PRESENT PROGRESSIVE

4 | → Seite 20
Oh no! Derrick **is eating** too many cheese-burgers now.
Jennifer sometimes **plays** the piano.
Listen! Roger **is playing** the violin.
We never **listen** to music.
Murph **is tidying up** his room at the moment.
Oh, look! The dog **is sleeping** on the sofa.
Our cat Kitty often **sleeps** in the kitchen.

5 | → Seite 21
Hier sind unterschiedliche Antworten möglich. Ein paar Beispiele:
The cat **drinks** milk **every day**
And Jim the clown **often screams:** "Wow!"
Bobby and Carl **sometimes play** their guitars
They **always climb** a tree, **sing** and **shout:**
"Let's **never go** to Mars!"
They **never do** their homework in bed at night
They **always sleep** and **dream** alright!

FRAGEN UND VERNEINUNGEN

6 | → Seite 24
Eezy always **eats** too much ice cream.
Does Doc **play** the piano?
Are the girls **swimming** in the pool right now?
Jo **likes** her new class. Everyone is friendly.
Do you often **take** the bus to school?
We **don't play** games in school – really never!

7 | → Seite 24
The girls **don't play** tennis in the afternoon.
Karen and Lucy **don't play** the guitar very well.
Mrs Michaels **doesn't like** holidays in France.
Jimmy **doesn't ride** his bike to school.
Eezy, Doc, Dylan and Murph **don't chat** every day.

8 | → Seite 25
Hier sind verschiedene Antworten möglich. Das hier ist nur ein Beispiel:
Jonas and David **are talking** on the phone. David **always rides** his bike to school. He **is sad** that he's not in the same school with Jonas anymore. **He asks** Jonas **how he likes** his new school and Jonas says that **it's okay**. Jonas **is doing** his homework now and **doesn't like** that. David **asks** about Jonas' sister Lara. Jonas says that **she's playing tennis at the moment** and that **she always wins.** But David says that **he always wins,** too!

3. THE SIMPLE PAST

FORMEN

1 | → Seite 29

***simple past* – Grundform**

went – to go; read – to read; played – to play; ran – to run; swam – to swim; woke – to wake; knew – to know; wanted – to want; phoned – to phone; was – to be; wanted– to want; loved – to love

2 | → Seite 30

Yesterday Anna and Ben **played** table tennis.
Anna **won** the game 21:17.
Then Ben **watched** TV.
Anna **phoned** her friend Kathleen.
The girls **talked** about a party at school.
Then Anna's mother **came** home.
She **asked** Anna about her homework.

REGELMÄSSIGE UND UNREGELMÄSSIGE VERBEN

3 | → Seite 33

Grundform *(infinitive)* – *simple past*

to play – played; to go – went; to put – put; to live – lived; to clean – cleaned; to dance – danced; to be – was; to come – came; to read – read; to see – saw

4 | → Seite 33 / 34

Hier sind meist mehrere Antworten möglich. Diese Sätze sind nur Beispielantworten:
The boy cleaned the bathroom.
The dog barked up the tree.
The kids danced at the disco.
The boy did his homework.
The dog ate the cat's food.

5 | → Seite 34

Bei den einzelnen Zeiten ist manchmal mehr als nur ein Signalwort richtig. Hier sind ein paar Lösungsbeispiele:
1 | On Tuesday, Helen **always** feeds the cat.
Zeitform: **simple present**
2 | Charlie and Billy went to London **last year.**
Zeitform: **simple past**
3 | **Look!** They are playing football in the garden.
Zeitform: **present progressive**
4 | **Last night,** when I came home late, my mother was angry.
Zeitform: **simple past**

FRAGEN UND VERNEINUNGEN

6 | → Seite 37

Dylan **didn't do** his homework, so the teacher was mad at him.
Did Katrina **play** basketball yesterday?
No, they **didn't** win the trophy, they lost the match.
Eezy didn't **learn/study** for the test, so he wrote a bad mark.
Did Murph and Doc chat four days ago?
No, they **didn't.** I think Murph's computer **didn't** work last week.

7 | → Seite 37

Martha **didn't eat** a big steak yesterday.
Jules **didn't do** all of her homework last week.
Last night, Tom and Harry **didn't go** to the movies.
I **didn't clean** my bedroom this morning!

8 | → Seite 38

Hier sind viele verschiedene Antworten möglich. Ein paar Lösungsbeispiele:
Did Minny and Maxi watch TV?
Did the girl love the boy?
Did Susie eat a banana?
Did Sarah play cards?
Did the band play music?
Did Norm and Liz have a picnic?

SIMPLE PRESENT, PRESENT PROGRESSIVE UND SIMPLE PAST

9 | → Seite 39

Paulina: Hi, Ronald. **Are you going** to school now?
Ronald: Yes, I am. Why do you **ask?** Do you **have** a problem?
Paulina: Yes, I **have**. I**'m/am** ill.
Ronald: That's too bad. I **was** ill last weekend and I **hated** it!
Paulina: I know, and I**'m/am** never ill! Now all of you **are going** to school, and I**'m/am** **staying** at home where it's boring.
Ronald: It**'s/is** often boring at school, too. Yesterday, German **was** really boring. We **did** a lot of grammar.

Paulina: Well, I**'m/am going** to sleep a little now. Can you **write** down the homework for me?
Ronald: Of course! Bye, Paulina!
Paulina: Bye!

4. VERBS

VERWENDUNG VON VERBEN

1 | → Seite 42
eats – walks – sleeps – dream – go – have – do

2 | → Seite 42
went – drink – saw – writing

VOLLVERBEN

3 | → Seite 44
OMG, today **was** a fantastic day! In the first lesson, Mrs Snow **talked** about her week-end: She always **sings** in a choir on Fridays and sometimes she **buys** new clothes on Saturdays. But this last weekend, she **saw** a movie star in Cardiff. Of course, I **did** not believe her a word! I am sure it **was** just someone who **looks** like a movie star. I am **writing** this right now but she can never **read** my blog!

4 | → Seite 44
Verb – Zeitform
was – simple past (2x)
talked – simple past
sings – simple present
buys – simple present
saw – simple past
did – simple past
looks – simple present
writing – present progressive
read – simple present

VOLLVERBEN UND HILFSVERBEN

5 | → Seite 47
main verbs: swim – see – tell – eat – lie – live – like
auxiliary verbs: do/does – do – did – had

6 | → Seite 47
Hier sind viele verschiedene Antworten möglich. Die folgenden Sätze sind Beispielantworten:
Jimmy **does** his homework in the evening.
Karen and Liz often **do** magic tricks.
Did you win the trophy last Saturday?
No, I **had** to stay at home – I **had** a fever.

7 | → Seite 48
Oh, look! Mark is running across the street.
Mr and Mrs Johnson are buying a new car.
Mrs Johnson works at a bank.
She is the manager of the bank.
The weather is really hot today.
Does Emily swim in the lake?
No! Lisa and Linda are listening to the new Justin Beeper CD, and I don't like it!
Do you have a dog at home?
Bob and Bert always forget their homework – the teacher doesn't like that!
Does your family go to church on Sundays?
I don't like the new car of Mr and Mrs Johnson – I liked their last car much more.
Timothy has got a new computer.
Yesterday, I watched a scary movie at home.

8 | → Seite 52
Hier sind viele verschiedene Antworten möglich, die folgenden Begriffe sind Lösungsbeispiele.
things I have to do
in the house: to clean the kitchen – to wash the dishes – to tidy up my room
for school: to do homework – to learn for the class test– to learn the vocabulary
in the garden: to help my dad – to water the bushes
hobbies:
for me: to play guitar – to ride my bike – to read – to brush my teeth – to take a shower

9 | → Seite 53
infinitive – simple past
to go – he went
to be – they were
to do – we did
to give – she gave
to get up – I got up
to make – you made
to teach – the teacher taught
to eat – Becky ate

10 | → Seite 53

Yesterday, Louisa **was** at home baking muffins.
Don't you understand me?
Suddenly, the telephone rang.
Tim **has got** a '1' in English, so he **is** very happy with his test.
His parents **were** watching a movie when the telephone rang.
Mr and Mrs Smith **are** watching a movie about Wales.
They **have got** a fantastic time and **don't** hear the telephone ring.
The family **has got** a dog called Chilli, and Chilli **is** barking!
Have you got any idea what time it **is?**

11 | → Seite 54

Auch hier sind viele verschiedene Antworten möglich. Diese E-Mail ist nur ein Beispiel:
Hey **Tim,**
I **went to Jack's house** last night and **we played a funny game on his computer.** My parents **were at a restaurant** and I **didn't do my math** homework. Now, the teacher **is mad** and **I have to do a lot of extra work. I really don't like it!** What **did you do** yesterday? **Were** you at Ashley's party? I**'m going to tidy up my bedroom** now, **and then I can play that funny game again.**
CU soon! **Carl**

5. NOUNS AND ARTICLES

SUBSTANTIVE

1 | → Seite 57

Hier sind viele weitere Antworten möglich. Dies sind einige Beispiele:
in the house:
bedroom, kitchen, living room, bathroom, floor, ceiling, table, chair, lamp, cupboard
at school:
classroom, pupils, teacher, blackboard, pencil case, English, German, subjects, gymnasium, classmates, school yard
hobbies:
football, basketball, music, singing, riding, cycling, watching movies, books, reading, meeting friends

GROSSSCHREIBUNG UND KLEINSCHREIBUNG

2 | → Seite 58

Dylan and Murph are chatting on the internet.
They want to find out how to use nouns in English.
Doc and Eezy are not there to learn English with them.
The boys are very interested in England and in the USA.
Dylan wants to go to New York soon.
Murph's teacher is called Mr Schmitz, and he is very nice.
Dylan's teacher is called Ms Flink, but the pupils call her "Flinkie".

REGELMÄSSIGE UND UNREGELMÄSSIGE PLURALFORMEN

3 | → Seite 61

Substantive mit Plural auf -s: pupils, teachers, parks, guitars, CDs, girls, tables, discos, brothers, lives *(mit -v statt -f wie im Singular)*, beds, houses

Substantive mit Plural auf -es: potatoes, families *(mit -i statt -y wie im Singular)*, sandwiches, matches, parties *(mit -i statt -y wie im Singular)*, tomatoes

Substantive mit unregelmäßiger Pluralform: mice, women, children, firemen, feet, fish

4 | → Seite 62

Hier sind viele verschiedene Antworten möglich. Dies sind einige Beispiele:
I'm eating three apple**s.**
My father has got two guitars.
There are five candle**s** in the room.
My favourite flowers are rose**s.**
Mobile phone**s** are great!
My sister is afraid of **mice.**

PAARWÖRTER UND NICHT ZÄHLBARE SUBSTANTIVE

5 | → Seite 64

Paarwörter: jeans, glasses, headphones, scissors
nicht zählbare Substantive: music, work, rice, love, sadness

6 | → Seite 64

Luma: You are wearing my favourite **jeans** again!
Katie: And your **music** is too loud! I'm trying to do my **homework.** Use your **headphones,** please!
Luma: You also took my **sunglasses** – it's not even sunny today!
Mum: Please stop fighting, you two!

DER S-GENITIV

7 | → Seite 66

toys: Substantiv im Plural
Millers': s-Genitiv im Plural
Layla's: s-Genitiv im Singular
team's: s-Genitiv im Singular
felt tips: Substantiv im Plural
Julie's: s-Genitiv im Singular
mothers: Substantiv im Plural

BESTIMMTE UND UNBESTIMMTE ARTIKEL

8 | → Seite 68

a great CD
a fantastic film
an apple
a pretty girl
an old teacher
an interesting lesson
an answer
a piece of chocolate

9 | → Seite 68

Eileen: Hey Jo, how was your day? Our teacher, Mrs Smith, was in **a** bad mood today. No one did **the** homework – not one of us had it!
Jodie: Hey Eileen, I'm great! Today was **a** really cool school day! We watched **a** film in **the** English lesson. Mr Rhadjani is **the** best teacher in school!
Eileen: That's great. Mrs Smith is ok but she's not **the** favourite teacher of my class. We all like **the** Maths teacher!
Jodie: Is he **an/the** older man? **The** one with a beard?
Eileen: Yes, that's him. I don't like Maths but **the** teacher's jokes are really **the** best! ☺

10 | → Seite 70

59 = fifty-nine
1 = one
3 = three
4th = fourth
25 = twenty-five
100 = one hundred
7th = seventh
118 = one hundred and eighteen
20th = twentieth
314 = three hundred and fourteen
70th = seventieth
21 = twenty-one
2nd = second

6. PRONOUNS

PERSONALPRONOMEN

1 | → Seite 74

he: grandfather, John, boy
she: Kathleen, sister, girl
it: giraffe, spider, table
we: my family and I, my team and I, my brother and I
they: the teachers, John and Kathleen, the flowers

2 | → Seite 74

him: Tom, father, Bob
her: Nina the cat, Tia, Sara
it: football, ring, snake
us: Tom and I, Tia and I, my class and I
them: the family, the Millers, John and Kathleen

3 | → Seite 75

She is reading a book.
It wins the cup.
They are preparing a nice lunch.
It is a very, very dangerous animal.
We are doing our homework together.
She is singing a really beautiful song.

4 | → Seite 75

Mrs Schulz asks **her** to read.
Can you help **us?**
Today, Chelsea will win against **them!**
Can you help **her** in the kitchen?
The teacher is helping **us** with the new words.

5 | → Seite 76
Thomas and Julia Kent: **they**
Thomas: **He**
a goal: **it**
the score: **it**
The people: **They**
Mr Miller: **he**
the boys and girls: **them**
Julia: **She**

POSSESSIVPRONOMEN UND POSSESSIVBEGLEITER

6 | → Seite 78
Hey Camille,
how are **you** doing? **We** – Jake and I – are watching a film tonight. Do **you** want to come, too? **It** is going to be a lot of fun! Jake also wants to ask **his** best friend David to see the film with **us** tonight.
Can **you** bring **your** popcorn machine? It is **yours,** isn't it? I know that you and **your** sister had a big fight because she says it is **hers.** But I think you are right! You can give the popcorn machine to me – then it is **mine** and you two don't have to fight, haha! **I** would love to have a machine like that. **It** is so cool! And **I** love popcorn, **it** tastes so yummy!
Talk to **you** later!
Jen

DEMONSTRATIVPRONOMEN

7 | → Seite 80
This is my best friend.
Is **that** your dog?
Those cars on the street are too fast.
These computer games are really good!

8 | → Seite 80
That is **my** father.
He is watching **his** favourite TV show now.
This is **my** mother.

7. PREPOSITIONS

PRÄPOSITIONEN DER ZEIT

1 | → Seite 84
Substantive: Carl, show, TV, Saturday, book, breakfast, Sally, sofa, room, Pete, Julie, classroom, Mr Parker, chicken, breakfast, salad, lunch, steak, dinner, team, World Cup, Nora, music, room, Meghan, books, CDs, house
Artikel: a, a, the, a, a, the, the
Verben: watches, reads, is playing, are walking, has, is winning, works, listens, plays, eats, loves, lives
Pronomen: he, her, their, Our, her, her, her, she
Präpositionen: on, On, for, under, into, for, for, for, in, to, in, in

2 | → Seite 85
Ernie: Hey Bert, how are you?
Bert: Hey, Ernie, I'm good. Are you coming to my birthday party **on** Friday?
Ernie: Of course! Maybe I can come **before** the party, not **at** 8 but **at** 6 or 7, and help you with some things?
Bert: Thank you, that's a great idea! Then we can really have fun **during** the party!
Ernie: Cool. And then we can sleep **until** 10 **on** Saturday, right?
Bert: Yes, we can. But we have to go to football practice **at** 11!
Ernie: I don't know – the last match we won was **in** October. That's a long time ago!
Bert: I know, but **on** February 12th, we have our next match, and this time we will win!
Ernie: I hope you're right, Bert!

PRÄPOSITIONEN DES ORTES

3 | → Seite 87
The baker is holding bread **in** her hand.
Ryan is sleeping **in** his bed.
The girls are dancing **on** the dance floor.
Bobby is standing **under** the shower.

4 | → Seite 87
Hier sind natürlich verschiedene Bilder als Lösung möglich. Die Präpositionen müssen allerdings stimmen. So könnten deine Bilder aussehen:

The dog is sleeping on the couch.

The boy is throwing the basketball into the basket.

The girl is sitting at her desk.

Lisa and Jasper are dancing next to each other.

PRÄPOSITIONEN DER RICHTUNG

5 | → Seite 89
Bob is kicking his football **out of** the window.
The teacher is walking **into** the classroom.
You have to go **back to** school.
Carrie is jumping **over** the chair.

6 | → Seite 89
entlang = **along;** hinunter = **down;** hoch = **up;** um ... herum = **around;** an ... heran = **towards;** ins ... hineine = **into;** durch = **through;** hinunter = **down**

ANDERE PRÄPOSITIONEN

7 | → Seite 91
into – Präposition der Richtung
of – andere Präposition
under – Präposition des Ortes
at – Präposition der Zeit

8 | → Seite 91
at the tennis court; **In** 1999; get **off** the bus; right **at /towards** me; **in** her room; **on** my desk

8. WORD ORDER

SATZTYPEN

1 | → Seite 94
In the summer, Rhonda and her family move to the USA. → **Aussagesatz**
She is very happy, because she loves adventures. → **Aussagesatz** (+ Nebensatz)
But she is also sad, because she leaves her friends in England. → **Aussagesatz** (+ Nebensatz)
Will she be happy without them? → **Entscheidungsfrage**
Yes, she will! → **Kurzantwort**
That's what her father says when she talks to him. → **Aussagesatz** (+ Nebensatz)
No, she won't. → **Kurzantwort**
That's what her best friend Lynn tells her on the phone. → **Aussagesatz**
Why does everything have to change?
→ **Fragesatz**

2 | → Seite 95
Hier sind viele verschiedene Geschichten möglich. Diese Antwort ist nur ein Beispiel:
Aussagesatz: The Millers are having soup for lunch.
Aussagesatz: Jeremy really likes soup; tomato soup is his favourite.
Entscheidungsfrage: Will he wash the dishes today?
Kurzantwort: No, he won't!
Verneinter Aussagesatz: He doesn't like washing the dishes.
Aussagesatz: And he has to go to handball training today.
Aussagesatz: Jeremy ist lucky, his sister is washing the dishes for him.

SATZSTELLUNG: SUBJEKT – VERB – OBJEKT

3 | → Seite 98
Mia is doing her homework.
The class is not writing a test.
Chess is a great game.
Mr Evans gave him a fantastic book.

Charlie and Bobby are eating pancakes for breakfast.
The team is winning the trophy.
His father bought him new shoes.
Caroline and Annabelle are playing in the garden.
We are baking cookies and a cake in the kitchen.

4 | → Seite 99
Hier sind unterschiedliche Antworten möglich. Hier sind einige Beispiele:
Mrs Truman is sleeping in the bedroom.
The sisters are not washing the dishes.
Paula gave Danielle a wonderful present for her birthday.
The dancers are dancing on the disco floor.
We are not having a party this weekend.
His mother bought him a new computer game for Christmas.
Joe and William are not swimming in the pool.

SATZSTELLUNG IN VERNEINTEN AUSSAGESÄTZEN

5 | → Seite 99
are not / aren't playing; **is not / isn't** looking; **is not / isn't** taking; **are not / aren't** standing

INDIREKTE UND DIREKTE OBJEKTE

6 | → Seite 100
Paul's grandmother showed **him the stamp collection.** – Miriam and Claudette gave **Jim a beautiful present.** – Mr Hudson made **his wife breakfast.** – Katherine's parents promised **her ice cream** after the doctor's visit. – Sheena told **him the good news** in the evening. – Mrs Hudson sent **her son to camp** during the summer holidays. – My grandparents promised **me a box of chocolates** after dinner.

ORTSANGABE VOR ZEITANGABE

7 | → Seite 102
Hier sind verschiedene Antwortsätze möglich. Dies sind einige Beispiele:
1. Hermione is reading a book in her bedroom before lunch.
2. Ron wants to play Quidditch on the field today.
3. Harry has to do homework at Snape's office at night.
4. The Weasleys are on holiday in Wales this year.
5. Bella is going to the beach tomorrow.
6. The vampires often hunt in the castle at night.
7. Mrs Potter always has a cup of tea in the kitchen on Sundays.
8. Edward never walks through the forest at 7:30 in the morning.

HÄUFIGKEITSADVERBIEN

8 | → Seite 104
He **often** watches TV on Sundays.
They **never** do their homework at night.
Mr and Mrs Paulson **always** sleep for 30 minutes after lunch.
The kids **usually** go to the beach when it's warm.
Becky, Anna, Cheryl and Lynn **sometimes** have a party.

9 | → Seite 104
Peter sometimes plays volleyball at the beach. – Julia often eats cheese for breakfast. – The twins always help their mother in the kitchen.

DER IMPERATIV

10 | → Seite 106
Don't shout during lessons. – Don't cut my hair too short. – Let's get/eat some ice cream. – Don't turn on the TV. – Let's go ice-skating.

11 | → Seite 107
Hier sind ganz unterschiedliche Antworten möglich. Einige Lösungsbeispiele
1. Read the text.
2. Don't eat that cake.
3. Stay in your bedroom after 10 o'clock!
4. Mr and Mrs Henderson are taking the kids to school at 8 am.
5. It is after 10 o'clock, because Anna is in her room.
6. Jacqueline sometimes eats candy but never drinks milk after 10 o'clock.

9. Questions

FRAGEN MIT FRAGEWÖRTERN

1 | → Seite 110

What is the man doing?
How long do we have to sit here?
When does the concert begin?
Why do we have to do this?
Where is Sita?
Why is it so cold?
How are you, John?
Whose dog is that?
Which book is your favourite?
Who is on the woman's arm?
Where is Robert?
How old are you?

2 | → Seite 111

What is Angela writing?
Who is sitting on the bus?
When does the hockey game start?
Where is the church?
Why do I have to do my homework again?
How long is the Justin Beeper concert?
Whose new car is this?

3 | → Seite 112

How long do we have to wait?
What is your sister's favourite food?
Why are you wearing a hat in summer?
When can I have my CD back?
Where are they going on holiday this year?
Who is that pretty girl on the other side of the street?
Whose car is parked in front of our house?
Which way did Susan go?
How do you say "danke" in English?

ENTSCHEIDUNGSFRAGEN

4 | → Seite 114

Do you know the time?
Do you like English?
Are you Carl's sister?
Do you speak French?
Is it cold outside?
Are you wearing a new hat?
Do you know where Baker Street is?
Do you play the guitar?

KURZANTWORTEN

5 | → Seite 115

Für dich ist natürlich immer nur eine Kurzantwort richtig. Hier sind jeweils beide möglichen Kurzantworten gegeben:
Are you a girl?
Yes, I am. / No, I'm not.
Are your parents from Germany?
Yes, they are. / No, they aren't.
Do you like playing football?
Yes, I do. / No, I don't.
Do you like reading books?
Yes, I do. / No, I don't.
Do you have brothers or sisters?
Yes, I have. / No, I haven't.
Do you play an instrument?
Yes, I do. / No, I don't.

6 | → Seite 116

Bei dieser Aufgabe sind viele verschiedene Lösungen möglich. Hier ist als Beispiel eine mögliche E-Mail an Sam:
Dear Sam,
it was great getting to know you in the summer holidays! I had a fun time. Now I really want to know more about you.
I know that you are from Coventry, but where in England is Coventry? Is it warm or cold there? And what about your school – do you like to go there? Who are your friends and what are their names? What do you like to do with them in your free time? Where do you like to go on weekends? And when can I see you again – maybe next summer? Do you want to visit Germany sometime?
I hope we see each other soon!
Cheers, Paul

FRAGENTYPEN UND ZEITFORMEN

7 | → Seite 117

Are you wearing my jeans again!? **Entscheidungsfrage mit *to be, present progressive***
Was your hair dark when you were a baby? **Entscheidungsfrage mit *to be, simple past***
Where did your parents buy that new TV? **Frage mit Fragewort, *simple past***
How long does it take to learn English? **Frage mit Fragewort, *simple present***